Construcciones en inglés

Prof. Jaime Garza Bores

Printed on recyclable paper

PASSPORT BOOKS
a division of *NTC Publishing Group*
Lincolnwood, Illinois USA

This edition first published in 1995 by Passport Books,
a division of NTC Publishing Group, 4255 West Touhy Avenue,
Lincolnwood (Chicago), Illinois 60646-1975 U.S.A.
Originally published 1990, 1963 by Editorial Diana and Editorial Universo.
Manufactured in the United States of America.

4 5 6 7 8 9 0 VP 9 8 7 6 5 4 3 2 1

CONTENIDO

1. Conversación empleando los patrones de construcción I WANT (yo quiero) y DO YOU WANT (¿quiere usted?) combinados repetidamente con los verbos TO SPEAK (hablar), TO MAKE (hacer, ganar) y TO TRAVEL (viajar), complementados a su vez con algunas palabras básicas del idioma inglés   7

2. Conversación empleando los patrones de construcción I WANT (yo quiero) y DO YOU WANT (¿quiere usted?), combinados repetidamente con los verbos TO TRAVEL (viajar), TO GO (ir), TO WORK (trabajar), TO EARN (ganar), TO LIVE (vivir) y TO BUY (comprar)   9

3. Conversación empleando los patrones de construcción I WANT (yo quiero) y DO YOU WANT (¿quiere usted?), combinados repetidamente con los verbos TO EARN (ganar), TO IMPROVE (mejorar), TO LIVE (vivir), TO BUY (comprar), TO GIVE (dar) y TO INCREASE (aumentar) . .   11

4. HOW TO BUILD SENTENCES IN PRESENT TENSE (Cómo construir oraciones en tiempo presente)   13

5. Formación de distintas oraciones con el verbo "TO SPEAK" (hablar)   21

6. Formación de distintas oraciones con los verbos "TO SEE" (ver) y "TO EAT" (comer)   24

7. Formación de distintas oraciones con los verbos TO DRINK (beber) y TO BUY (comprar)   28

8. Empleo de los auxiliares DO y DOES para formar el presente interrogativo   31

9. Empleo de los auxiliares DON'T y DOESN'T para formar el presente negativo   32

10. Adjetivos Posesivos, Pronombres Posesivos, Artículos Determinados, Artículos Indeterminados, Adjetivos Demostrativos, con ejemplos ilustrativos empleándolos todos   42

11. La base del idioma inglés. Verbo TO BE (ser o estar) . . .   44

12. Comparando el verbo TO BE (ser o estar) en sus formas de presente y pasado   45

13. Comparando el presente y pasado interrogativo del verbo TO BE   46

14. Forma en Futuro del verbo TO BE   48

15. Cómo formar el Gerundio (forma ING). Terminación ING equivaliendo en español a ANDO o IENDO   49

16. Respuestas breves empleando las formas en presente y pasado del verbo TO BE   51

17. Conversación empleando el verbo TO BE en presente y pasado, combinado con las formas ING (gerundio) . . .   54

18. Casos donde el verbo TO BE equivale a lo que en español corresponde al verbo HABER: uso de THERE IS, THERE ARE (hay) THERE WAS y THERE WERE (había) . . .   55

19. Formación del plural de los Sustantivos   58

20. Algunos Sustantivos Irregulares en cuanto a la formación de su Plural   58
21. Comparando la acción habitual (go, goes) con la acción momentánea (going)   60
22. Repaso esquemático de la formación del Presente Interrogativo y Negativo para la mayoría de los verbos   61
23. Modo Imperativo   66
24. Uso de LET'S (let us) en el Imperativo   67
25. Números Cardinales y la formación de los Ordinales . .   69
26. Empleo del auxiliar CAN (poder)   71
27. Los meses del año y los Pronombres Reflexivos   73
28. Empleo del auxiliar WILL para formar el Futuro de los verbos   74
29. Expresiones Idiomáticas que se forman con WILL   75
30. Grados del Adjetivo   77
31. El grado Comparativo y sus distintas formas   78
32. Regla referente a los grados del Adjetivo aplicable a los Adjetivos Cortos   79
33. El grado Comparativo de los Adjetivos Cortos y sus distintas formas   81
34. Superlativo de Superioridad e Inferioridad   82
35. Adjetivos Irregulares en cuanto a la formación de su Comparativo y Superlativo   83
36. Empleo del auxiliar COULD   88
37. Formas Sinónimas de CAN Y COULD: empleo de TO BE ABLE (ser capaz)   91
38. Conjugación del verbo TO HAVE (tener) y la forma TO HAVE to (tener que)   92
39. Uso idiomático del verbo TO HAVE   93
40. Empleo de DID y DIDN'T para formar el Pasado Interrogativo y Negativo   95
41. Verbos Regulares   96
42. Casos en que la "E", de la terminación "ED" de los verbos regulares, tiene sonido   96
43. Casos en que la "D", de la terminación "ED" de los verbos Regulares, se pronuncia como T   98
44. Casos en que la "D", del Pasado y Participio de los verbos Regulares, conserva su mismo sonido   99
45. Casos en que la "Y" se cambia en "I" para el Pasado y Participio de los verbos Regulares   100
46. Forma en Pasado de los verbos Irregulares y su clasificación Mnemotécnica   101
47. Empleo de la forma "USED TO" (solía o acostumbraba): Pretérito Imperfecto   108
48. Empleo del Auxiliar "MUST" (deber) para expresar una obligación moral ineludible o inferencia   111
49. Repasando algunos auxiliares en las formas interrogativa y afirmativa   117
50. Forma equivalente a "MUST" y empleo de SHOULD y OUGHT TO para expresar deber u obligación   121
51. Empleo del auxiliar "MAY" para expresar permiso posibilidad o deseo   127
52. Empleo de COULD y MIGHT para expresar habilidad y posibilidad en pasado   131

53. Empleo del auxiliar "WOULD" para formar el Modo Potencial (conditional) 133
54. Empleo del Gerundio (forma ING) después de preposiciones y otras palabras 137
55. Oraciones de Cláusula Subordinada y el *Objective Case* . . 139
56. Verbos que después del *OBJECTIVE CASE* emplean el Infinitivo en la cláusula subordinada 146
57. Diagrama del MODO IMPERATIVO con los *objective Pronouns* 147
58. Los OBJECTIVE PRONOUNS empleados como complemento indirecto 148
59. Cuadro esquemático del *Objective Case* con las palabras interrogativas 150
60. Partes principales de los verbos Irregulares y su clasificación Mnemotécnica 151
61. El empleo de "TO HAVE" en la formación de los tiempos compuestos 155
62. Empleo de los auxiliares en las respuestas breves 162
63. Empleo en inglés de lo equivalente a ¿VERDAD? en oraciones negativas 164
64. Empleo en inglés de lo equivalente a ¿NO ES VERDAD? en oraciones afirmativas 166
65. Oraciones afirmativas con lo equivalente a "TAMBIÉN" empleando los auxiliares 169
66. Empleo de EITHER—OR que equivale en español a opción O — O 172
67. Empleo de NEITHER—NOR que equivale a la doble negación NI — NI 175
68. Gráfica que ilustra los principales auxiliares en la forma negativa y el empleo de NOT EITHER (tampoco) . . . 178
69. Empleo de NEITHER y los auxiliares en forma afirmativa equivaliendo a NI TAMPOCO 181
70. Empleo de lo equivalente a "APENAS" (hardly) . . . 183
71. Empleo de lo equivalente a NI SIQUIERA (not even) . . 184
72. Comparando el empleo de EVEN (hasta, inclusive) y NOT EVEN (ni siquiera) 186
73. Comparación de lo equivalente a las expresiones "ESTAR A PUNTO DE" y "ACABAR DE" 189

PREFACE

From the first lesson, CONSTRUCCIONES EN INGLÉS encourages readers to form sentences in English. This is accomplished through a systematic repetition of a specific grammar pattern that is presented with alternate vocabulary in order to express a variety of ideas.

English is learned by using the same pattern repeatedly in several sentences. This systematic repetition will help users learn all the everyday English expressions automatically, and it will certainly have them thinking in English—which is a step to language mastery.

PRÓLOGO

Desde la primera lección, CONSTRUCCIONES EN INGLÉS anima al lector a que forme oraciones en este idioma. Esto se logra a través de una repetición sistemática de un determinado patrón de construcción gramatical al combinarlo con diferentes palabras para expresar distintas ideas.

La asimilación de inglés se consigue empleando el mismo patrón repetidamente en distintas oraciones. Dicha repetición en forma coordinada y sistemática dará por resultado que el estudiante de inglés aprenda a emplear automáticamente todas las formas de estructura del lenguaje cotidiano, así como también a pensar en este idioma, lo cual es de primordial importancia.

CONVERSATION

I WANT TO SPEAK ENGLISH SOON.
Yo quiero hablar inglés pronto.

I WANT TO SPEAK TO YOU.
Yo quiero hablar con usted.

I WANT TO SPEAK TO YOU IN ENGLISH.
Yo quiero hablar con usted en inglés.

DO YOU WANT TO SPEAK ENGLISH?
¿Quiere usted hablar inglés?

YES, I DO
Sí, yo quiero.

DO YOU WANT TO SPEAK TO ME?
¿Quiere usted hablarme?

YES, I DO.
Sí, yo quiero.

WHAT DO YOU WANT TO SPEAK TO ME ABOUT?
¿De qué quiere usted hablarme?

I WANT TO SPEAK TO YOU ABOUT MY JOB.
Yo quiero hablarle acerca de mi trabajo.

WHY DO YOU WANT TO SPEAK TO ME ABOUT YOUR JOB?
¿Por qué quiere usted hablarme acerca de su trabajo?

I WANT TO SPEAK TO YOU ABOUT MY JOB BECAUSE
Yo quiero hablarle acerca de mi trabajo porque

I WANT TO MAKE MORE MONEY.
quiero ganar más dinero.

WHY DO YOU WANT TO MAKE MORE MONEY?
¿Por qué quiere ganar más dinero?

I WANT TO MAKE MORE MONEY IN ORDER TO TRAVEL.
Yo quiero ganar más dinero con el fin de viajar.

WHERE DO YOU WANT TO TRAVEL?
¿Dónde quiere usted viajar?

I WANT TO TRAVEL AROUND THE WORLD.
Yo quiero viajar alrededor del mundo.

VOCABULARIO

I want	(ai uant)	= yo quiero
to speak	(tuspíc)	= hablar
soon	(sun)	= pronto
to you	(tu iú)	= a usted, a ti
in	(in)	= en
Do you want?	(du iú uant?)	= ¿Quiere usted?
to me	(tu mi)	= a mí
what	(juat)	= qué
about	(abáut)	= acerca de
what about?		= ¿acerca de qué?
my	(mai)	= mi (adjetivo posesivo)
job	(yob)	= empleo
why	(juái)	= ¿por qué? (al preguntar)
your	(ior)	= su (de Ud.) o tu (adjetivo po-[sesivo)
because	(bicós)	= porque (al responder)
to make	(tu meic)	= hacer, manufacturar
more	(mor)	= más
money	(móni)	= dinero
in order to	(in órder tu)	= con el fin de
to travel	(tu trável)	= viajar
where	(juer)	= dónde
around	(aráund)	= alrededor
the	(di)	= él, la, los, las (artículo de-[terminado)
world	(uérld)	= mundo

CONVERSATION

I WANT TO TRAVEL.
Yo quiero viajar.

WHERE DO YOU WANT TO GO?
¿Dónde quiere usted ir?

I WANT TO GO TO THE UNITED STATES.
Yo quiero ir a los Estados Unidos.

WHEN DO YOU WANT TO GO TO THE UNITED STATES?
¿Cuándo quiere usted ir a los Estados Unidos?

I WANT TO GO THERE SOON.
Yo quiero ir allá pronto.

WHY DO YOU WANT TO GO TO THE UNITED STATES?
¿Por qué quiere usted ir a los Estados Unidos?

I WANT TO GO THERE IN ORDER TO WORK.
Yo quiero ir allá con el fin de trabajar.

WHY DO YOU WANT TO WORK IN THE UNITED STATES?
¿Por qué quiere usted trabajar en los Estados Unidos?

I WANT TO WORK THERE IN ORDER TO EARN MONEY.
Yo quiero trabajar allá con el fin de ganar dinero.

WHY DO YOU WANT TO EARN MONEY?
¿Por qué quiere usted ganar dinero?

I WANT TO EARN ENOUGH MONEY IN ORDER TO LIVE
Yo quiero ganar suficiente dinero con el fin de vivir

BETTER.
mejor.

WHY DO YOU WANT TO LIVE BETTER?
¿Por qué quiere usted vivir mejor?

I WANT TO LIVE BETTER IN ORDER TO BUY ALL THE
Yo quiero vivir mejor con el fin de comprar todas las

THINGS I NEED.
cosas que necesito.

VOCABULARIO

To go	(tu gou)	=	ir
to	(tu)	=	a
United States	(iunáited steits)	=	Estados Unidos
when	(juen)	=	cuándo
there	(der)	=	allá, ahí
to work	(tu uérc)	=	trabajar
to earn	(tu ern)	=	ganar
to earn money		=	to make money
enough	(inóf)	=	suficiente, bastante
to live	(tu liv)	=	vivir
better	(béter)	=	mejor
to buy	(tu bai)	=	comprar
all	(ol)	=	todo(s), toda(s)
things	(zings) [1]	=	cosas
I need	(ai ni-id)	=	yo necesito
to need	(tu ni-id)	=	necesitar

[1] El sonido de la TH en inglés es casi idéntico al de la z como se pronuncia en España: azul.

CONVERSATION

I WANT TO EARN MORE MONEY.
Yo quiero ganar más dinero.
WHY DO YOU WANT TO EARN MORE MONEY?
¿Por qué quiere usted ganar más dinero?
I WANT TO EARN MORE MONEY IN ORDER TO IMPROVE
Yo quiero ganar más dinero con el fin de mejorar
IN LIFE.
en la vida.
WHY DO YOU WANT TO IMPROVE?
¿Por qué quiere usted mejorar?
I WANT TO IMPROVE IN ORDER TO LIVE BETTER.
Yo quiero mejorar con el fin de vivir mejor.
DO YOU WANT TO BUY ALL THE THINGS YOU NEED?
¿Quiere usted comprar todas las cosas que usted necesita?
YES, I DO.
Sí, yo quiero.
WHY DO YOU WANT TO BUY ALL THE THINGS YOU
¿Por qué quiere usted comprar todas las cosas que usted
NEED?
necesita?
I WANT TO BUY ALL THE THINGS I NEED IN ORDER TO
Yo quiero comprar todas las cosas que yo necesito con el fin de
IMPROVE MY HOME.
mejorar mi hogar.
WHY DO YOU WANT TO IMPROVE YOUR HOME?
¿Por qué quiere usted mejorar su hogar?
I WANT TO IMPROVE MY HOME IN ORDER TO GIVE
Yo quiero mejorar mi hogar con el fin de dar a
MY FAMILY A BETTER LIFE.
mi familia una vida mejor.
DO YOU WANT TO IMPROVE YOUR ENGLISH?
¿Quiere usted mejorar su inglés?
YES, I DO.
Sí, yo quiero.
WHY DO YOU WANT TO IMPROVE YOUR ENGLISH?
¿Por qué quiere usted mejorar su inglés?
I WANT TO IMPROVE MY ENGLISH IN ORDER TO
Yo quiero mejorar mi inglés con el fin de
INCREASE MY EARNINGS.
aumentar mis ganancias.

VOCABULARIO

To improve	(tu imprúv)	= mejorar
in life	(in laif)	= en la **vida**
to live	(tu liv)	= vivir
home	(joum)	= hogar
to give	(tu guiv)	= dar
family	(fámili)	= familia
to increase	(tu incrís)	= aumentar
earnings	(érnings)	= ganancias

HOW TO BUILD SENTENCES IN PRESENT TENSE
(Cómo construir oraciones en tiempo presente)

I EAT	some fruit some vegetables some fish some chicken some pork some salad	DO YOU EAT	some fruit? some vegetables? some fish? some chicken? some pork? some salad?

Vocabulario

I eat	(ai í-it)	= yo como
Do you eat?	(du iú í-it)	= ¿Come usted?
some	(som)	= algo de
fruit	(frut)	= fruta
vegetables	(véch-tebols)	= legumbres, verduras
fish	(fish)	= pescado
chicken	(chíquen)	= pollo
pork	(porc)	= puerco
salad	(sálad)	= ensalada

I WANT TO EAT	some fruit some vegetables some fish some chicken some pork some salad

DO YOU WANT TO EAT	some fruit some vegetables some fish some chicken some pork some salad

Vocabulario

I want	(ai uant)	= yo quiero
Do you want?	(du iú uant)	= ¿quiere usted?
to eat	(tu í-it)	= comer

I DRINK	some coffee some milk some water some tea some chocolate	DO YOU DRINK	some coffee? some milk? some water? some tea? some chocolate?

Vocabulario

To drink	(tu drinc)	= beber
I drink	(ai drinc)	= yo bebo
Do you drink?	(du iú drinc)	= ¿Bebe usted?
coffee	(cófi)	= café
milk	(milc)	= leche
water	(uóter)	= agua
tea	(ti)	= té
chocolate	(chócolet)	= chocolate

I WANT TO DRINK DO YOU WANT TO DRINK	some coffee some milk some water some tea some chocolate

— 15 —

```
        ⎧ you every day                        ⎧ me every day?
I SEE   ⎨ the manager every day      DO YOU ⎨ the manager every day?
        ⎨ the employees every day    SEE      ⎨ the employees every day?
        ⎩ the people every day                ⎩ the people every day?
```

Vocabulario

To see	(tu si)	= ver
I see	(ai si)	= yo veo
Do you see?	(du iú si)	= ¿Ve usted?
me	(mi)	= a mí
you	(iú)	= a usted, a ti, usted, tú
every	(évri)	= cada
every day	(évri dei)	= todos los días
manager	(mánayer)	= gerente
employees	(emplóies)	= empleados
people	(pípol)	= gente, personas

```
                            ⎧ you
I WANT TO SEE      ╲ ⎨ the manager
                            ╱ ⎨ the employees
DO YOU WANT TO SEE    ⎩ the people
```

```
          ┌ a good job                    ┌ a good job?
  I GET  ┤ an apartment   ‖  DO YOU GET  ┤ an apartment?
          └ a good price                  └ a good price?
```

Vocabulario

To get	(tu guet)	= conseguir
I get	(ai guet)	= yo consigo
Do you get?	(du iú guet)	= ¿Consigue usted?
a	(ei)	= un, una (artículo indetermi-nado)
an	(an)	= un, una (cuando antecede a un sustantivo que empiece con vocal)
good	(gud)	= buen (o) (a) (os) (as)
job	(yob)	= empleo, trabajo
apartment	(apárt-ment)	= departamento
price	(práis)	= precio

```
      I WANT TO GET  ┌ a good job
                   \ |
                     ┤ an apartment
                   / |
  DO YOU WANT TO GET └ a good price
```

```
            ⎧ to the office every day
  I COME   ⎨ to English class every day
            ⎩ to my house every night
```

```
               ⎧ to the office every day?
DO YOU COME   ⎨ to English class every day?
               ⎩ to my house every night?
```

Vocabulario

To come	(tu com	= venir
I come	(ai com)	= yo vengo
Do you come?	(du iú com)	= ¿Viene usted?
to the	(tu di)	= al, a la
office	(ófis)	= oficina
English class	(ínglish clas)	= clase de inglés
my	(mai)	= mi (adjetivo posesivo)
house	(jáus)	= casa
every morning	(évri mórning)	= todas las mañanas
every night	(évri nait)	= todas las noches

```
  I WANT TO COME       ⎧ to the office
                       ⎨ to English class
DO YOU WANT TO COME    ⎩ to my house
```

$$\text{I} \diagdown \atop {DO \text{ YOU}} \diagup \left\{ \begin{array}{l} speak \text{ some English every day} \\ eat \text{ some fruit every morning} \\ drink \text{ some coffee in the morning} \\ see \text{ the manager every day} \\ go \text{ to the theater at night} \\ come \text{ to the office every day} \\ get \text{ the merchandise soon} \\ have \text{ the passport ready} \\ leave \text{ for the office early} \end{array} \right.$$

Vocabulario

I go	(ai góu)	= yo voy
Do you go?		= ¿Va usted?
I get	(ai guet)	= yo consigo
Do you get?		= ¿Consigue usted?
I have	(ai jav)	= yo tengo
Do you have?		= ¿Tiene usted?
I leave	(ai lí-ív)	= yo salgo
Do you leave?		= ¿Sale usted?
theater	(zi-é-ter)	= teatro
at night	(at nait)	= por la noche
merchandise	(mérchandais)	= mercancía
soon	(sun)	= pronto
passport	(pásport)	= pasaporte
ready	(rédi)	= listo, preparado
for	(for)	= para
early	(érli)	= temprano

	to *speak* some English every day
	to *eat* some fruit every morning
	to *drink* some coffee in the morning
I WANT	to *see* the manager every day
	to *go* to the theater at night
DO YOU WANT	to *come* to the office every day
	to *get* the merchandise soon
	to *have* the passport ready
	to *leave* for the office early

Vocabulario

To speak	(tuspic)	= hablar
to eat	(tu í-it)	= comer
to drink	(tu drinc)	= beber
to see	(tu si)	= ver
to go	(tu góu)	= ir
to come	(tu com)	= venir
to get	(tu guet)	= conseguir
to have	(tu jav)	= tener
to leave	(tu lí-iv)	= salir, dejar

FORMACIÓN DE DISTINTAS ORACIONES CON EL VERBO «TO SPEAK» (HABLAR)

I	SPEAK	Spanish	
You	SPEAK	the Spanish language too	
He	SPEAKS	English	
She	SPEAKS	the English language too	
We	SPEAK	some English	
You and I	SPEAK	English a little	
You	SPEAK	a lot of English	
You	SPEAK	English very well	
They	SPEAK	Spanish and English	
He	SPEAKS	Spanish and English too	
She	SPEAKS	several	languages
They	SPEAK	many	languages
You	SPEAK	many	languages too
I	SPEAK	only	Spanish
We	SPEAK	only	Spanish too
They	SPEAK	too much	
They	SPEAK	too many	languages
She	SPEAKS	only	one language
He	SPEAKS	a	few languages

PRONOMBRES PERSONALES

I	(ai)	= yo
You	(iú)	= tú o usted
He	(ji)	= él
She	(shi)	= ella
It	(it)	= ello (neutro: animales y cosas)
We	(uí)	= nosotros
You	(iú)	= vosotros o ustedes
They	(dei)	= ellos o ellas

VOCABULARIO

Language	(lángüich)	=	idioma
languages	(lángüiches)	=	idiomas
English	(inglish)	=	inglés
Spanish	(spanish)	=	español
the	(di)	=	el, la, los, las
the English language		=	el idioma inglés
the Spanish language		=	el idioma español
and	(and)	=	y
some	(som)	=	algo, algún, alguno (a) (s)
several	(séveral)	=	varios, varias
little	(lítol)	=	poco, poca
few	(fiú)	=	pocos, pocas
a	(ei)	=	un, una
a little		=	un poco
very	(veri)	=	muy
well	(uel)	=	bien
much	(moch)	=	mucho, mucha
many	(meni)	=	muchos, muchas
too much	(tu moch)	=	demasiado
too many	(tu meni)	=	demasiados
too	(tu)	=	también
only	(onli)	=	solamente

VERBOS EN INFINITIVO

To speak	(tuspiic)	=	hablar
to see	(tu sii)	=	ver
to eat	(tu iit)	=	comer
to buy	(tu bai)	=	comprar
to want	(tu uant)	=	querer, necesitar, requerir
to like	(tu laic)	=	gustar

FONÉTICA: i = sonido corto de la i (sonido intermedio de i y e: i/e)

ii = sonido largo de la i (como la i en castellano).

EJERCICIOS

Construya en inglés las siguientes oraciones:

1. Yo hablo algo de inglés
2. Él habla inglés un poco
3. Ellos hablan varios idiomas
4. Usted habla muchos idiomas
5. Nosotros hablamos el idioma inglés un poco
6. Ellos hablan el idioma inglés muy bien
7. Ella habla pocos idiomas
8. Yo hablo solamente el idioma español
9. Él habla inglés solamente
10. Usted habla mucho inglés
11. Ella habla demasiado
12. Ellos hablan demasiados idiomas

FORMACIÓN DE DISTINTAS ORACIONES CON LOS VERBOS «TO SEE» y «TO EAT»

I	SEE	many people	
He	SEES	many people too	
They	SEE	Few people	
You	SEE	*me*	
We	SEE	*you*	
She	SEES	*us*	
I	SEE	*him*	
You	SEE	*her*	
He	SEES	*them*	
I	EAT	some	fruit
He	EATS	some	vegetables
They	EAT	some	meat
You	EAT	some	fish
We	EAT	some	eggs
She	EATS	some	chicken
I	EAT	breakfast in the morning	
You	EAT	dinner	at noon
He	EATS	supper	at night

ACUSATIVO DE LOS PRONOMBRES PERSONALES

PRONOMBRES PERSONALES			PRONOMBRES OBJETIVOS (acusativo)	
I	↔	*me*	(mí)	= a mí, me
You	↔	*you*	(iú)	= a ti, a usted, te
He	↔	*him*	(jim)	= a él, lo
She	↔	*her*	(jer)	= a ella, la
It	↔	*it*	(it)	= a ello, lo (neutro)
We	↔	*us*	(os)	= a nosotros, nos
You	↔	*you*	(iú)	= a vosotros, a Uds., os
They	↔	*them*	(dem)	= a ellos (as), los (as)

Ejemplos ilustrativos de cómo emplear los
pronombres objetivos

SEE	me (1) him (2) her (3) it (4) us (5) them (6)	1. Véame 2. Véalo (a él) 3. Véala (a ella) 4. Véalo (neutro) 5. Véanos 6. Véalos
GIVE	me (1) him (2) her (3) it (4) us (5) them (6)	1. Déme 2. Déle (a él) 3. Déle (a ella) 4. Déle (neutro) 5. Dénos 6. Déles

I see *you* = te veo, lo veo a usted
I give *you* = te doy, le doy a usted

THIS IS FOR	me (1) you (2) him (3) her (4) it (5) us (6) you (7) them (8)	1. Esto es para mí 2. Esto es para ti (o usted) 3. Esto es para él 4. Esto es para ella 5. Esto es para ello (neutro) 6. Esto es para nosotros 7. Esto es para vos o ustedes 8. Esto es para ellos o ellas

PRAY	for *me* (1)	1. Ruega por mí
	for *him* (2)	2. Ruega por él
	for *her* (3)	3. Ruega por ella
	for *it* (4)	4. Ruega por ello (neutro)
	for *us* (5)	5. Ruega por nosotros
	for *them* (6)	6. Ruega por ellos o ellas

VOCABULARIO

People	(pípol)	= gente, personas, pueblo
a man	(ei man)	= un hombre
some men	(som men)	= unos hombres
a woman	(ei uoman)	= una mujer
some women	som uimen)	= unas mujeres
a boy	(ei boi)	= un muchacho o niño
several boys	(séverol bois)	= varios muchachos o niños
a girl	(ei guerl)	= una muchacha o niña
several girl	(séverol guerls)	= varias muchachas o niñas
a child	(ei cháild)	= un niño(a), una criatura
many children	(meni chíldren)	= muchos niños o hijos

some fruit	(som frut)	= algo de fruta
vegetables	(vélletebols)	= legumbres
meat	(miit)	= carne
fish	(fish)	= pescado
eggs	(egs)	= huevos
chicken	(chíquen)	= pollo

breakfast	(brecfast)	= desayuno
lunch	(lonch)	= comida ligera del mediodía
dinner	(díner)	= comida fuerte del mediodía
supper	(sóper)	= cena, comida nocturna

in the morning	(in di mórning)	= en la mañana
at noon	(at nun)	= al mediodía
in the afternoon	(in di afternun)	= en la tarde
at night	(at nait)	= en la noche

VERBOS EN INFINITIVO

To give	(tu giv)	= dar
to pray	(tu prei)	= rogar, rezar
to go	(tu gou)	= ir
to work	(tu uerc)	= trabajar

EJERCICIOS

Construya en inglés las siguientes oraciones:

1. Ellos me ven

2. Yo los veo

3. Él lo ve (a usted)

4. Nosotros lo vemos (a él)

5. Él nos ve

6, Usted la ve

7. Nosotros desayunamos en la mañana

8. Yo como (algo de) pescado

9. Ella come (algo de) fruta

10. Ellos comen (algo de) pollo

11. Nosotros comemos (algo de) carne, (algo de) legumbres y (algo de) fruta

12. Yo ceno en la noche

13. Ella almuerza al mediodía

14. Usted come (algunos) huevos en la mañana.

FORMACIÓN DE DISTINTAS ORACIONES CON LOS VERBOS «TO DRINK» y «TO BUY»

I	DRINK	some coffee	in the morning
She	DRINKS	some milk	for breakfast
Frank	DRINKS	some juice	before breakfast
The children	DRINK	orange juice	before breakfast
We	DRINK	some water	after dinner
You	DRINK	some milk	during supper
Susan	DRINKS	some chocolate	during breakfast
You	DRINK	some tea	every night
The children	BUY	some candy	after school
They	BUY	some candy	every day
I	BUY	some clothes	in the store
The woman	BUYS	some food	in the grocery
She	BUYS	some food	every day
Alice	BUYS	many things	in the market
We	BUY	some things	in the store
You	BUY	few things	before work

VERBOS EN INFINITIVO

To drink	(tu drinc)	= beber
to wish	(tu uish)	= desear
to have	(tu jav)	= tener, haber
to live	(tu liv)	= vivir

VOCABULARIO

I drink	(ai drinc)	=	Yo bebo
coffee	(cofi)	=	café
milk	(milc)	=	leche
chocolate	(chócolet)	=	chocolate
tea	(ti)	=	té
juice	(llus)	=	jugo
orange	(óranch)	=	naranja
orange juice		=	jugo de naranja
water	(uóter)	=	agua
day	(dei)	=	día
today	(tudéi)	=	hoy
night	(nait)	=	noche
tonight	(tunáit)	=	esta noche
during	(diúring)	=	durante
before	(bifór)	=	antes
after	(áfter)	=	después
every	(évri)	=	cada
every night		=	cada noche, todas las noches
every day		=	cada día, todos los días
school	(scul)	=	escuela
after school		=	después de la escuela
work	(uérc)	=	trabajo
after work		=	después del trabajo
before work		=	antes del trabajo
store	(stor)	=	tienda
grocery	(gróseri)	=	tienda de víveres (abarrotes)
market	(márquet)	=	mercado
food	(fud)	=	alimentos, comida
candy	(cándi)	=	dulces, confituras, caramelos
clothes	(clouds)	=	ropa
things	(zings) [1]	=	cosas

[1] El sonido de *th* es muy semejante al sonido que en España se le da a la z.

EJERCICIOS

Construya en inglés las siguientes oraciones:

1. Francisco bebe (algo de) leche en la mañana
2. Yo bebo (algo de) leche en la mañana también
3. Usted bebe demasiado café todos los días
4. Ella bebe (algo de) café en el desayuno
5. Yo bebo (algo de) agua después de la comida
6. Nosotros bebemos jugo de naranja antes del desayuno
7. Ellos beben (algo de) chocolate durante el desayuno
8. Usted bebe (algo de) café durante la cena
9. Él bebe demasiado té todas las noches
10. Yo bebo un poco de café después de la comida
11. Los niños beben mucha leche todos los días
12. Ellos beben poca leche en la mañana
13. El muchacho come demasiadas naranjas durante la comida
14. Nosotros comemos unas pocas naranjas todas las mañanas
15. Usted come demasiada fruta antes del desayuno
16. Yo compro muchas cosas todos los días
17. Usted compra pocas cosas en el mercado
18. La mujer compra algunos alimentos en la tienda de víveres
19. Los niños compran muchos caramelos después de la escuela
20. Él compra demasiada ropa
21. Yo compro poca ropa
22. Nosotros compramos algunas cosas antes del trabajo
23. Ella compra muchas cosas en el mercado
24. Ellos compran demasiada comida todos los días
25. Ustedes compran demasiadas cosas en las tiendas
26. Yo compro solamente pocos caramelos todos los días.

EMPLEO DE LOS AUXILIARES *DO* Y *DOES*

Con los auxiliares *DO* y *DOES* se forma el presente interrogativo de todos los verbos en inglés, exceptuando por supuesto a los verbos auxiliares (*to be*: ser o estar; *can*: poder; *must*: deber; etc.) que como su nombre lo indica se auxilian a si mismos. De ahí que no requieren de ningún otro auxiliar para su cambio de tiempo o forma.

En el interrogativo *DO* y *DOES* siempre preceden al sujeto, es decir, el orden invariable de esta forma es:

AUXILIAR + SUJETO + VERBO
   ↓   ↓   ↓
 DO   you   speak English? (Habla Ud. inglés)

El uso de *DO* y *DOES* varía de acuerdo con el pronombre personal; empléase *DO* para *I, you, we, you,* y *they* y *DOES* sólo para *he, she* y *it*. Ejemplos:

DO	I	speak?	(¿Hablo yo?
DO	you	see?	(¿Ve usted?)
DO	we	buy?	(¿Compramos nosotros?)
DO	you	drink?	(¿Beben ustedes?)
DO	they	eat?	(¿Comen ellos?)
DOES	he	speak?	(¿Habla él?)
DOES	she	buy?	(¿Compra ella?)
DOES	it	drink?	(¿Bebe ello?) Neutro: refiriéndose a un animal.

Veamos ahora lo anterior esquemáticamente:

DO	{ I / you / we / you / they }	SPEAK?	DOES	{ he / she / it }	SPEAK?

Empléese siempre el auxiliar *DOES* y el pronombre neutro *IT* en el presente interrogativo de cualquier oración impersonal, ejemplos:

DOES it rain in Mexico City? = ¿Llueve en la ciudad de México?
DOES it snow in Alaska = ¿Nieva en Alaska?

Emplee, asimismo *DOES* en preguntas en tiempo presente antes de las terceras personas del singular, como *Frank, Mary, the boy, the girl* etc., y *DO* antes de las demás personas, como *the boys, the girls, the children,* etc.

LOS AUXILIARES *DON'T* Y *DOESN'T*

Con *DON'T* (pronúnciese *don't*) y *DOESN'T* (pronúnciese *dósent*) se forma el presente negativo de todos los verbos en inglés, salvo el de los verbos auxiliares.

DON'T es la contracción de *do* not y *DOESN'T* la de *does* not.

En la forma negativa los mencionados auxiliares siempre se anteponen al verbo que se emplee, o sea, le siguen inmediatamente al sujeto o pronombre personal.

He aquí la fórmula general del negativo:

SUJETO+AUXILIAR+NOT+VERBO (en su forma original)				
I	*DO*	NOT	speak	(Yo no hablo)
You	*DO*	NOT	see	(Usted no ve)
He	*DOES*	NOT	eat	(Él no come)
She	*DOES*	NOT	drink	(Ella no bebe)
They	*DO*	NOT	buy	(Ellos no compran)

Veamos ahora estas mismas oraciones pero haciendo uso de las contracciones, las cuales son de suma utilidad en el inglés hablado.

I	*DON'T*	speak
You	*DON'T*	see
He	*DOESN'T*	eat
She	*DOESN'T*	drink
They	*DON'T*	buy

DON'T y *DOESN'T* también varían de acuerdo con el sujeto o pronombre personal. Úsase *DON'T*, al igual que *DO*, para I, you, we, you, y they. *DOESN'T*, lo mismo que *DOES*, únicamente para he, she, it, ejemplos:

I	*DON'T*	buy	(Yo no compro)
You	*DON'T*	speak	(Usted no habla)
We	*DON'T*	drink	(Nosotros no bebemos)
You	*DON'T*	eat	(Ustedes no comen)
They	*DON'T*	see	(Ellos no ven)
He	*DOESN'T*	buy	(Él no compra)
She	*DOESN'T*	speak	(Ella no habla)
It	*DOESN'T*	eat	(no come) impersonal: al referirse a un animal.

Veamos ahora la condensación de lo anterior en forma esquemática:

I You We You They	DON'T speak	He She It	DOESN'T speak

Haga siempre uso del auxiliar negativo *DOESN'T* y el pronombre neutro *IT* en el presente negativo de cualquier verbo impersonal, ejemplos:

It	DOESN'T	rain	(No llueve)
It	DOESN'T	snow	(No nieva)

Emplee asimismo *DOESN'T* en oraciones negativas en tiempo presente inmediatamente después de las terceras personas del singular, como: *Frank, Mary, the boy, the girl,* etc. y *DON'T* inmediatamente después de las demás personas, como: *the boys, the girls, the children,* etc.

CONVERSATION

—Do you speak English?

—I speak a little, but my father speaks very good English.

—Does your mother speak English too?

—She doesn't speak very well but she reads and writes English perfectly.

—Does she speak French?

—No, she doesn't.

—How many languages do you speak?

—I only speak Spanish and a little French.

—Does your father speak French?

—Yes, he speaks French very well.

—How many languages does he speak?

—He speaks Spanish, Italian, French, English and a little German.

—Does your father speak some Russian?

—No, he doesn't.

—Do you speak some Russian?

—No, I don't.

—Do you learn English in school?

—Yes, I do.

—Does your brother learn English in school too?

—Yes, he does.

Comparando el presente afirmativo con el interrogativo.

	You	speak	English
DO	you	speak	English?

	You	see	the people
DO	you	see	the people?

	You	eat	fruit
DO	you	eat	fruit?

	You	drink	coffee
DO	you	drink	coffee?

	You	buy	many things
DO	you	buy	many things?

EJERCICIOS

Para una perfecta asimilación en el cambio del afirmativo al interrogativo y el empleo del auxiliar *DO*, sustitúyase el pronombre personal *you* por *they*, *we* y *I*, ejemplos:

	They	speak	English
Do	they	speak	English?

	They	see	the people
Do	they	see	the people?

Lea en voz alta las oraciones de esta gráfica y note la diferencia entre las formas aquí empleadas. Observe además cómo la *s* de speak*s*, see*s*, eat*s*, etc., desaparece en las preguntas, quedando el verbo en su forma simple (speak, see, eat, etc.).

	He	speaks	English
DOES	he	speak	English?
	He	sees	the people
DOES	he	see	the people?
	He	eats	fruit
DOES	he	eat	fruit?
	He	drinks	coffee
DOES	he	drink	coffee?
	He	buys	many things
DOES	he	buy	many things?

EJERCICIOS

Para apreciar mejor el tránsito del afirmativo al interrogativo y el uso de *DOES*, sustituya en esta gráfica el pronombre personal *he* por: *the boy*, *Frank* y *she*, ejemplos:

	The	boy	speaks	English
Does	the	boy	speak	English?
	The	boy	sees	the people
Does	the	boy	see	he people?

Comparación entre la forma interrogativa y la negativa.

DO	they		speak	English?
	They	DOn't	speak	English
DO	they		see	the people?
	They	DOn't	see	the people
DO	they		eat	fruit?
	They	DOn't	eat	fruit
DO	they		drink	coffee?
	They	DOn't	drink	coffee
DO	they		buy	many things?
	They	DOn't	buy	many things

EJERCICIOS

Para asimilar mejor el paso del interrogativo al negativo y el empleo de DO y DON'T, sustituya en esta gráfica el pronombre *they* por: *we, you* y *I*, ejemplos:

Do	we		speak	English?
	We	*don't*	speak	English
Do	we		see	the people?
	We	*don't*	see	the people

Observe la posición de *DOES* en las formas interrogativa y negativa, cuando se emplea la tercera persona del singular.

DOES	she		speak	English?
	She	*DOES*n't	speak	English
DOES	she		see	the people?
	She	*DOES*n't	see	the people
DOES	she		eat	fruit?
	She	*DOES*n't	eat	fruit
DOES	she		drink	coffee?
	She	*DOES*n't	drink	coffee
DOES	she		buy	many things?
	She	*DOES*n't	buy	many things

EJERCICIOS

Para asimilar mejor el paso del interrogativo al negativo y el empleo de *DOES* y *DOESN'T*, sustituya en esta gráfica el pronombre *she* por: *the girl, Mary* y *he*, ejemplos:

Does	the girl		speak	English?
	The girl	*doesn't*	speak	English
Does	the girl		see	the people?
	The girl	*doesn't*	see	the people

Lea estas oraciones en voz alta y note el cambio del afirmativo al interrogativo, así como también el empleo de *DO*.

The boys	*study*	in school	every day
They	*study*	in school	every day
Frank and Mary	*learn*	English	in school
They	*learn*	English	in school
The children	*eat*	at home	every day
They	*eat*	at home	every day

DO	the boys	*study*	in school	every day?
DO	they	*study*	in school	every day?
DO	Frank and Mary	*learn*	English	in school?
DO	they	*learn*		in school?
DO	the children	*eat*	at home	every day?
DO	they	*eat*	at home	every day?

Observe la modificación que sufre la forma verbal (studies, study) al pasar del afirmativo al interrogativo, cuando se emplea la tercera persona del singular: he, the boy, the studant, Frank, etc. Asimismo nótese *DOES* en las preguntas.

The boy		studies	in school	every day
	He	studies	in school	every day
The student		learns	English	in school
	He	learns	English	in school
Frank		eats	at home	every day
	He	eats	at home	every day
DOES	the boy	*study*	in school	every day?
DOES	he	*study*	in school	every day?
DOES	the student	*learn*	English	in school?
DOES	he	*learn*	English	in school?
DOES	Frank	*eat*	at home	every day?
DOES	he	*eat*	at home	every day?

Observe en esta gráfica como en el presente negativo
DOESN'T sigue inmediatamente a un sujeto en singular (the
boy) y *DON'T* a un sujeto en plural (the boys).
Ademas nótese los verbos en su forma simple (study, learn,
etcétera.

The boy	*DOESN'T*	*study*	every day
The boys	*DON'T*	*study*	every day
The student	*DOESN'T*	*learn*	English
The students	*DON'T*	*learn*	English
Frank	*DOESN'T*	*eat*	at home
Frank and Mary	*DON'T*	*eat*	at home

EJERCICIOS

Cambie oralmente cada una de estas oraciones negativas a
las formas afirmativas e interrogativa, ejemplos:

(af.) The boy studies every day
(int) Does the boy study every day?

(af.) The boys study every day
(int) Do the boys study every day?

Adjetivos posesivos			Pronombres posesivos		
			MINE	(máin)	= mío
MY	(mai)	= mi	YOURS	(iórs)	= tuyo, suyo (de
YOUR	(iór)	= tu o su			usted)
HIS	(jis)	= su (de él)	HIS	(jis)	= suyo (de él)
HER	(jer)	= su (de ella)	HERS	(jers)	= suyo (de ella)
ITS	(its)	= su (del neutro)	ITS	(its)	= suyo (del neu-
OUR	(aúr)	= nuestro			tro)
YOUR	(iór)	= vuestro, su de	OURS	(áurs)	= de nosotros
		ustedes	YOURS	(iórs)	= de vos. o de
THEIR	(der)	= su de ellos(as)			ustedes
			THEIRS	(ders)	= de ellos(as)

Artículos determinados		Artículos indeterminados	
(sing) *THE* (di) = el, la, lo		(sing) *A* (ei) = un, una	
(plu) *THE* (di) = los, las		(plu) *SOME* (som) = unos, unas, (algo, algún, algunos(as)	

Adjetivos demostrativos

Singulares	*THIS* (dis) = este, esta, esto	Plurales	*THESE* (diis) = estos(as)
	THAT (dat) = ese o aquel esa o aquella		*THOSE* (dóus) = esos(as) aquellos aquellas

EJERCICIOS

Lea primeramente cada una de las siguientes oraciones en voz alta y a continuación cámbielas oralmente a las formas negativas e interrogativas.

This is *my* book — Éste es mi libro
These are *my* books — Éstos son mis libros
These books are *mine* — Estos libros son míos

That is *my* pencil — Ése es mi lápiz
Those are *my* pencils — Ésos son mis lápices
Those pencils are *mine* — Esos lápices son míos

This is *your* note-book — Éste es tu cuaderno
These are *your* note-books — Éstos son tus cuadernos
These note-books are *yours* — Estos cuadernos son tuyos

That is *his* pen — Aquélla es su pluma (de él)
Those are *his* pens — Aquéllas son sus plumas (de él)
Those pens are *his* — Aquellas plumas son de él

This is *her* eraser [1] — Éste es su borrador (de ella)
These are *her* erasers — Éstos son sus borradores (de ella)
These erasers are *hers* — Estos borradores son de ella

That is *its* inhabitant [2] — Aquél es su habitante
Those are its inhabitants — Aquéllos son sus habitantes
Those inhabitants are of Mexico City — Aquellos habitantes son de la ciudad de México

This is *our* city — Ésta es nuestra ciudad
These are *our* cities — Éstas son nuestras ciudades
Those cities are *ours* — Estas ciudades son nuestras

That is *their* hotel — Ése es su hotel (de ellos)
Those are *their* hotels — Ésos son sus hoteles (de ellos)
Those hotels are *theirs* — Esos hoteles son de ellos

WHOSE (jus) = de quien, de quienes
Whose book is this ? = ¿de quién es este libro?
Whose books are these? = ¿de quiénes son estos libros?

---

[1] Pronúnciese *irréiser*
[2] Pronúnciese *injdbitant*

LA BASE DEL IDIOMA INGLÉS

Verbo *TO BE* = ser o estar

			CONTRACCIONES	
			aff.	neg.
I	*AM*	yo soy o estoy	I'M	I'M NOT
You	*ARE*	usted es o está	YOU'RE	YOU'RE NOT
He	*IS*	él es o está	HE'S	HE'S NOT
She	*IS*	ella es o está	SHE'S	SHE'S NOT
It	*IS*	ello es o está	IT'S	IT'S NOT
We	*ARE*	nos. somos o estamos	WE'RE	WE'RE NOT
You	*ARE*	vos. sois o estáis	YOU'RE	YOU'RE NOT
They	*ARE*	ellos son o están	THEY'RE	THEY'RE NOT

NOTA: En este verbo al igual que CAN (poder) y MUST (deber) no se emplean los auxiliares *DO, DON'T, DOES, DOESN'T.* IT se emplea para animales o cosas (neutro).

EJERCICIOS CON EL VERBO *TO BE* (ser o estar)

Léanse oralmente tanto la forma afirmativa como la negativa

I'M a Mexican
I'M in Mexico
I'M at home

I'M *not* an American
I'M *not* in United States
I'M *not in* the park

You'RE my friend
You'RE here

You'RE *not* my enemy
You'RE *not* there

He'S my brother
He'S in the office

He'S *not* my cousin
He'S *not* at home

She'S my mother

She'S *not* my aunt

It'S mine
It'S here

It'S *not* yours
It'S *not* there

We'RE together
We'RE married

We'RE *not* separated
We'RE *not* divorced

You'RE workers

You'RE *not* technicians

They'RE visitors
They'RE in the boarding-house

They'RE *not* employees
They'RE *not* in a hotel

Comparando el verbo "TO BE" en sus formas de presente y pasado

PRESENT			PAST		
I	AM	(I'm)	I	WAS	(Yo era, fui, estaba o estuve)
You	ARE	(You're)	You	WERE	(Ud. era, fue, estaba o estuvo)
He	IS	(He's)	He	WAS	(Él era, fue, estaba o estuvo)
She	IS	(She's)	She	WAS	(Ella era, fue estaba o estuvo)
It	IS	(It's)	It	WAS	(Él era, fue, estaba o estuvo)
We	ARE	(We're)	We	WERE	(Nosotros éramos, fuimos, estábamos, estuvimos)
You	ARE	(You're)	You	WERE	(Uds. eran, fueron. estaban o estuvieron)
They	ARE	(They're)	They	WERE	(Ellos eran, fueron, estaban o estuvieron)

«TO BE»

PRESENT NEGATIVE			PAST NEGATIVE			
I	AM	(I'm not)	I	WAS	not	(I wasn't)
You	ARE	(You aren't)	You	WERE	not	(You weren't)
He	IS	(He isn't)	He	WAS	not	(He wasn't)
She	IS	(She isn't)	She	WAS	not	(She wasn't)
It	IS	(It ish't)	It	WAS	not	(It wasn't)
You	ARE	(We aren't)	We	WERE	not	(We weren't)
We	ARE	(You aren't)	You	WERE	not	(You weren't)
They	ARE	(They aren't)	They	WERE	not	(They weren't)

Comparando el presente y pasado interrogativo del verbo *TO BE*

AM	I?		*WAS*	I?
ARE	you?		*WERE*	you?

$$IS \begin{cases} he? \\ she? \\ he? \end{cases} \qquad WAS \begin{cases} he? \\ she? \\ it? \end{cases}$$

$$ARE \begin{cases} we? \\ you? \\ they? \end{cases} \qquad WERE \begin{cases} we? \\ you? \\ they? \end{cases}$$

Nótese el uso práctico del verbo *"TO BE"* (ser o estar) en estas preguntas y respuestas de empleo cotidiano.

$$\left.\begin{array}{l} 1)\ Who \\ 2)\ What \\ 3)\ Where \\ 4)\ How \end{array}\right\}\ ARE\ you?$$

1) *I'M* Manuel López
2) *I'M* a lawyer
3) *I'M* in my law-office
4) *I'M* fine, thank you

1) ¿Quién es usted?   Yo soy Manuel López

2) ¿Qué es usted?   Yo soy abogado

3) ¿Dónde está usted?   Yo estoy en mi bufete

4) ¿Cómo está usted?   Yo estoy bien, gracias.

Diagramas empleando el presente y pasado del verbo *TO BE* (ser o estar) en sus formas: afirmativa, negativa e interrogativa.

(Present affirm.)	*AM*	(Yo estoy ocupado)
(Past affirm.)	I **busy** *WAS*	(yo estaba ocupado)

(Present negative)	*AM*	(Yo no estoy ocupado)
(Past negative)	I *not* **busy** *WAS*	(yo no estaba ocupado)

(Present interrog.)	*ARE*	(¿está usted libre?)
(Past interrog.)	you free? *WERE.*	(¿estaba usted libre?)

FORMA EN FUTURO DEL VERBO *TO BE*

Observe el empleo del auxiliar *WILL* para la construcción del tiempo futuro en todas las personas.

Futuro afirmativo			Contracciones	Traducción
I	*WILL*	BE	I'*LL* BE	Yo seré o estaré
You	*WILL*	BE	You'*LL* BE	Usted será o estará
He	*WILL*	BE	He'*LL* BE	Él será o estará
She	*WILL*	BE	She'*LL* BE	Ella será o estará
It	*WILL*	BE	It'*LL* BE	Ello será o estará
We	*WILL*	BE	We'*LL* BE	Nos. seremos o estaremos
You	*WILL*	BE	You'*LL* BE	Uds. serán o estarán
They	*WILL*	BE	They'*LL* BE	Ellos(as) serán o estarán

Observe el futuro negativo e interrogativo del verbo *TO BE*. *Wo*n't es la contracción de *will* not.

Futuro negativo				Contracciones	Futuro interrogativo		
I	*WILL*	*not*	BE	I *WON'T* be	*WILL*	I	BE?
You	*WILL*	*not*	BE	You *WON'T* be	*WILL*	you	BE?
He	*WILL*	*not*	BE	He *WON'T* be	*WILL*	he	BE?
She	*WILL*	*not*	BE	She *WON'T* be	*WILL*	she	BE?
It	*WILL*	*not*	BE	It *WON'T* be	*WILL*	it	BE?
We	*WILL*	*not*	BE	We *WON'T* be	*WILL*	we	BE?
You	*WILL*	*not*	BE	You *WON'T* be	*WILL*	you	BE?
They	*WILL*	*not*	BE	They *WON'T* be	*WILL*	they	BE?

NOTA: En ciertos casos úsanse también *SHALL* para I y we en el inglés retórico o en poesía y liturgia. En el inglés moderno y práctico es común el uso de *WILL* para todas las personas.

CÓMO FORMAR EL *GERUNDIO* (forma «*ING*»)
TERMINACIÓN «*ING*» EQUIVALENTE EN ESPAÑOL
A «*ANDO*» o «*IENDO*»

Fórmase el gerundio con el infinitivo de los verbos (pero suprimiendo la partícula "*to*") + la terminación *ING*.

INFINITIVO (sin "*to*") + *ING* = GERUNDIO.

Ejemplos:

Speak	speak*ING*	(hablando)
eat	eat*ING*	(comiendo)
drink	drink*ING*	(bebiendo)
sleep	sleep*ING*	(durmiendo)
buy	buy*ING*	(comprando)
work	work*ING*	(trabajando)
do	do*ING*	(haciendo)
expect	expect*ING*	(esperando)
see	see*ING*	(viendo)
be	be*ING*	(siendo o estando)
come [1]	com*ING*	(viniendo)
get [2]	gett*ING*	(consiguiendo)

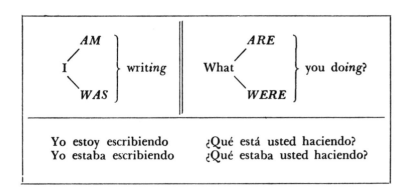

Yo estoy escribiendo	¿Qué está usted haciendo?
Yo estaba escribiendo	¿Qué estaba usted haciendo?

[1] Los infinitivos que terminan en *e* muda como COM*E*, pierden dicha vocal en el gerundio: COMing; LIK*E*, LIKing, WRIT*E*, WRITing; DANC*E*, DANCing.

[2] Hay algunos que doblan la consonante en el gerundio, tal es el caso de GET (conseguir, obtener), SWIM (nadar), RUN (correr), BEGIN (empezar), LET (permitir), etc.: GET*T*ing, SWIM*M*ing, RUN*N*ing, BEGIN*N*ing, LET*T*ing).

Lea estas oraciones en voz alta y observe la función de los verbos auxiliares (*am, are, is*), advirtiendo a la vez su cambio de posición respecto al sujeto, al variar de forma.

How	*AM*	I	speaking?
What	*ARE*	you	writing?
Where	*ARE*	they	working?
Where	*ARE*	we	going?
What	*ARE*	the boys	reading?
How	*IS*	he	reading?
What	*IS*	he	reading?
Where	*IS*	he	reading?
What	*IS*	the boy	doing?

You'*RE*	speaking	well
I'*M*	writing	a letter
They'*RE*	working	in the office
We'*RE*	going	home
They'*RE*	reading	the lesson
He'*S*	reading	well
He'*S*	reading	the lesson
He'*S*	reading	in the classroom.
He'*S*	reading	

Observe la posición de estos auxiliares negativos en sus formas contraídas.

	I'M NOT	speaking
You	*AREN'T*	writing
They	*AREN'T*	working
We	*AREN'T*	eating
Frank	*ISN'T*	speaking
Mary	*ISN'T*	writing
He	*ISN'T*	working
She	*ISN'T*	eating

Observe la posición de los diferentes elementos en las siguientes oraciones interrogativas. Tomando como guía este patrón de construcción, forme oraciones interrogativas tanto en presente como en pasado, contestándolas afirmativa y negativamente.

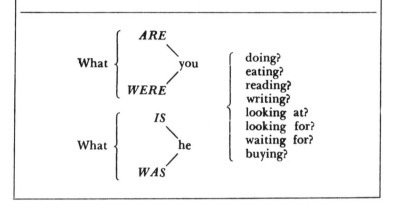

RESPUESTAS BREVES

Lea en voz alta las siguientes oraciones y note cómo se originan las *respuestas breves* mediante el uso de los auxiliares. Observe, asimismo, el empleo de las contracciones *ISN'T* (is not), *WASN'T* (was not), *AREN'T* (are not), *WEREN'T* (were not) para las *respuestas breves* en forma negativa.

—Are you looking at me?
—No, I'm not

—Is he looking at her?
—Yes, he is

—What are you looking at now?
—I'm looking at him

—Were you looking at us before?
—Yes, I was

—Were you looking at them before?
—No, I wasn't

—What were you looking at yesterday at noon?
—I was looking at the shop-windows

—Were you looking at the prices?
—No, I wasn't

—What is he waiting for, now?
—He's waiting for the bus in order to go home

—Is he waiting for the street-car now?
—No, he isn't

—Was he waiting for a street-car before?
—No, he wasn't

—What were you waiting for last night?
—I was waiting for her to go out

—Are you looking for your pencil now?
—No, I'm not

—What are you looking for?
—I'm looking for my book, now

—What were you looking for before?
—I was looking for my eye-glasses

—Were they looking for me before?
—No, they weren't

—Was she looking for him yesterday?
—Yes, she was

—Were you looking for us last night?
—Yes, I was

—Are you looking at them?
—Yes, I am

—Am I looking at you now?
—No, you aren't

—Was I looking at her before?
—Yes, you were

—Were you looking at me?
—No, I wasn't. I was looking at him.

CONVERSATION

(conversé-shien)

Present

—What *are* you doing now?

—I'*m* eating

—What *are* you eating?

—I'*m* eating some fish

—Why *are* you eating fish?

—Because I'*m* hungry

—What *is* he doing?

—He'*s* writing a letter

—*Is* he reading?

—No, he *isn't* reading. He'*s* writing a letter.

Past

—*Were* you here yesterday?

—No, I *wasn't* (here yesterday)

—Where *were* you yesterday?

—I *was* at home

—What *were* you doing at home yesterday?

—I *was* resting

—What else *were* you doing yesterday?

—I *was* reading the news-paper.

—What *was* Frank doing yesterday?

—He *was* working

—Where *was* Frank working?

—He *was* working in the office

—*Was* Frank resting yesterday?

—No, he *wasn't*. He *was* working

—What else *was* the boy doing yesterday?

—He *was* playing ball after work.

—*Was* the boy studying last night?

—Yes, he *was*

—Where *was* the boy studying last night?

—He *was* studying at home

—How long *was* he studying last night?

—He *was* studying about two hours

—*Was* Frank at the movies last night?

—No, he *wasn't*; he *was* at school last night.

Repasando algunas palabras ya sabidas y aprendiendo otras nuevas.

What else?	(juat els)	= ¿qué más?, ¿qué otra cosa?
How long?	(jáo long)	= ¿cuánto tiempo?
yesterday	(iésterday)	= ayer
last night	(last náit)	= anoche
Why	(juái)	= ¿por qué?
because	(bicós)	= porque
about	(abaut)	= acerca de, aproximadamente
before work	(bifór uerc)	= antes del trabajo
after work	(áfter uerc)	= después del trabajo
ball	(bol)	= pelota (juego de pelota)
letter	(léter)	= carta
newspaper	(niúspeiper)	= periódico
hour	(áur)	= hora
night-school	(náit-scul)	= escuela nocturna
movies	(múvis)	= cine, cinematógrafo

CASOS DONDE EL VERBO *TO BE* EQUIVALE A LO QUE EN ESPAÑOL CORRESPONDE AL VERBO *HABER*

Empléase el verbo *TO BE* en lugar del verbo *TO HAVE* en esas oraciones que expresan *existencia* de algo, por ejemplo:

> *Hay* agua
> *Hay* mucha gente
> *Había* una casa
> Mañana *habrá* juego de pelota

O bien, por el contrario, aquellas que denotan la *no* existencia de alguna cosa:

> No *hay* agua
> No *había* gente
> Mañana no *habrá* juego de pelota

La palabra THERE es el factor imprescindible en la construcción de este tipo de oraciones, ya que constituye su radical invariable. Veamos algunos ejemplos ilustrativos:

(sing.) There *is* a man in the office now (Hay un hombre en la [oficina ahora)

(plu.) There *are* two men in the office now (Hay dos hombres [en la oficina ahora

(sing.) There *was* a man in the office yesterday (Había un hom [bre en la oficina ayer)

(plu.) There *were* two men in the ofice yesterday (Había dos [hombres en la oficina ayer)

Ahora veamos lo anterior esquemáticamente:

THERE 〈
Presente
is a man in the office now (singular)
are two men in the office now (plural)
— — — — — — — — — — — — — — — — — — —
Pasado
was a man in the office yesterday (singular)
were two men in the office yesterday (plural)

La partícula NOT después de *is, are, was* y *were* constituye su forma negativa, ejemplos:

There *is* not much sugar⎫
There *isn't* much sugar)⎭ No hay mucha azúcar

There *are* not many people here⎫
(There *aren't* many people here)⎭ No hay mucha gente aquí

There *was* not a boy in school⎫ No había un mucha-
(There *wasn't* a boy in school⎭ cho en la escuela

There *were* not many boys in school⎫ No había muchos mu-
(There *weren't* many boys in school)⎭ chachos en la escuela

Sin embargo existen algunos casos en que la partícula NO se emplea en lugar de NOT, ocurriendo esto cuando un sustantivo sigue inmediatamente después de la negación. Ejemplos:

There *is* NO sugar today = No hay azúcar hoy
There *are* NO houses here = No hay casas aquí

There *was* NO telephone = No había teléfono
There *were* NO telephones = No había teléfonos

La formación del interrogativo toma la misma pauta seguida en el verbo *TO BE*, o sea, se invierte la posición del auxiliar *(is, are, was, were)* con respecto a THERE. Ejemplos:

IS THERE a man in the office now? =
¿Hay un hombre en la oficina ahora?

Are THERE many persons in the house? =
¿Hay muchas personas en la casa?

Was THERE an [1] accident here? =
¿Hubo un accidente aquí?

Were THERE many children in class yesterday? =
¿Había muchos niños en clase ayer?

[1] Úsase el artículo indeterminado *an* (en vez de *a*) delante de sustantivos que empiezan con vocal: *an* apple (una manzana), *an* orange (una naranja), *an* accident (un accidente), etc.

There *was* también significa en español *hubo* o *había* y there *were* expresa que *hubo* o *había* la existencia de algunas personas o cosas, o sea, la forma en plural de THERE WAS.

EJERCICIOS

Llene los espacios en blanco con el auxiliar apropiado y de acuerdo con el tiempo que se indica al principio de cada oración.

(Presente) ————— there many schools and universities in Mexico?

(Futuro) There ————— be some classes in school tomorrow.

(Presente) There ————— a large university in Mexico City

(Pasado) ————— there an Aztec temple where the Metropolitan Cathedral is standing now?

(Futuro) —————there be more public telephones for the next year?

(Pasado) There ————— many old buildings here before.

(Presente) There ————— a few good theaters in this town.

(Presente) There ————— no money now in my purse.

(Pasado) There ————— not too much water yesterday.

(Pasado) There ————— no people in the street last night.

(Presente) There ————— not any houses in that place.

(Futuro) There ————— be another market in the city.

(Pasado) ————— there not another pencil in that drawer?

(Presente) ————— there other books in the bookcase?

(Presente) ————— there any important library here?

(Futuro) ————— there be any good bull-fight next Sunday?

(Pasado) ————— there not several men in that meeting?

(Pasado) There ————— no men in the meeting; only women.

FORMACIÓN DEL PLURAL DE LOS SUSTANTIVOS

El plural de los sustantivos se forma, generalmente, en inglés como en español, es decir, añadiéndose una S al singular. Ejemplo:

Singular	Plural
doctor	doctorS
car	carS
house	houseS
school	schoolS
tree	treeS
door	doorS
building	buildingS
boy	boyS

Aquellos sustantivos que en su forma singular terminan en s, sh, ch, y x, como glass (vaso), fish (pescado), match (cerillo) y box (caja), etc. se agrega ES. Ejemplos:

Singular	Plural
glass	glassES
mass	massES
kiss	kissES
class	classES
dress	dressES
fish	fishES
ash	ashES
brush	brushES
match	matchES
box	boxES
tax	taxES

ALGUNOS SUSTANTIVOS IRREGULARES EN CUANTO A LA FORMACIÓN DE SU PLURAL

Existen, sin embargo, ciertos sustantivos que se apartan de esa regla y forman su plural de diferentes maneras. Veamos a continuación estos casos excepcionales.

Singular		Plural	
MAN	(hombre)	MEN	(hombres)
WOMAN	(mujer)	WOMEN	(mujeres)
CHILD	(niño)	CHILDREN	(niños)
OX	(buey)	OXEN	(bueyes)

Singular		Plural	
FOOT	(pie)	FEET	(pies)
TOOTH	(diente)	TEETH	(dientes)
WIFE	(esposa)	WIVES	(esposas)
WOLF	(lobo)	WOLVES	(lobos)
HALF	(mitad)	HALVES	(mitades)
SHELF	(estante)	SHELVES	(estantes)
KNIFE	(cuchillo)	KNIVES	(cuchillos)
MOUSE	(ratón)	MICE	(ratones)
GOOSE	(ganso)	GEESE	(gansos)
LOUSE	(piojo)	LICE	(piojos)

Comparando la acción habitual *(go, goes)* con la acción momentánea *(going)*.

Acción habitual			Traducción
I	GO	to school every day	Yo voy a la escuela todos los días
You	GO	to school every night	Ud. va a la escuela todas las noches
He	GOES	to Mexico every month	Él va a México cada mes
She	GOES	to the movies every week	Ella va al cine cada semana
It	GOES	to Acapulco daily	(neutro) Va a Acapulco diariamente
We	Go	to the beach every year	Nosotros vamos a la playa cada año
You	GO	to the office every morning	Uds. van a la oficina todas las mañanas
They	GO	to New York very often	Ellos(as) van a Nueva York muy a menudo.

Acción momentánea o futurística		Traducción
I'm GOING	to school now	Yo voy a la escuela ahora
You're GOING	to school soon	Ud. va a la escuela pronto
He's GOING	to Mexico very soon	Él va a México muy pronto
She's GOING	to the movies tonight	Ella va al cine esta noche
It's GOING	to Acapulco now	(neutro) Va a Acapulco ahora
We're GOING	to the beach next Summer	Nosotros vamos a la playa el próximo verano
You're GOING	to the office tomorrow	Uds. van a la oficina mañana
They're GOING	to the New York next week	Ellos(as) van a Nueva York la semana próxima.

REPASO ESQUEMÁTICO DE LA FORMACIÓN DEL PRESENTE INTERROGATIVO Y NEGATIVO PARA MAYORÍA DE LOS VERBOS

Diagrama mostrando cómo se forma el presente interrogativo y negativo.
Observe la regla general de estas dos formas y la posición de sus diferentes elementos.

INTERROGATIVO	NEGATIVO
Aux + Suj. + Verbo	Suj. + Aux. neg. + Verbo

INTERROGATIVO	NEGATIVO
DO { I, you }	I, You } DON'T (do not)
DOES { he, she, it } KNOW?	He, She, It } DOES'T (does not) } KNOW
DO { we, you, they }	We, You, They } DON'T (do not)

NOTA: Este diagrama es aplicable a todos los verbos, excepto a los verbos auxiliares *to be, can, may, might* y *must*.

EJERCICIOS

Para practicar estas formas, sustituya *know* por: *speak, see, eat, drink, work, buy* y *travel*.

Diagrama mostrando cómo formar el *presente interrogativo* para todos los verbos en inglés; excepto: *TO BE, CAN* y *MUST* (*are* you?) (*can* you?) (*must* you?)

Obsérvese que las palabras, *how, what, where,* etc, anteceden a los auxiliares.

	Auxiliar + Sujeto + Verbo		
1 How	DO ⎰I	1 *speak*	English?
2 What	⎱you	2 *do*	for a living?
3 Where	⎧he	3 *work?*	
4 When	DOES ⎨she	4 *rest?*	
5 At what time	⎩it	5 *leave?*	
6 Why	⎧we	6 *learn*	English?
7 How much	DO ⎨you	7 *buy?*	
8 How many	⎪they	8 *want?*	
9 How long	⎩the men	9 *stay*	here?

1 How	*DO*	I	speak	English?
2 What	*DO*	you	do	for a living?
3 Where	*DOES*	John	work?	
4 When	*DOES*	Mary	rest?	
5 At what time	*DOES*	the bus	leave?	
6 Why	*DO*	we	learn	English?
7 How much	*DO*	you	buy?	
8 How many	*DO*	they	want?	
9 How long	*DO*	the boys	stay	here?

Observe el uso de las palabras interrogativas *(how, when,* etc.) y el auxiliar *DO.*

How	DO	I	*get*	to that place?
When	DO	We	*leave*	for the farm?
At what time	DO	they	*arrive*	from the farm?
Where	DO	they	*live*	during the Summer?
What	DO	you	*do*	for a living
Why	DO	you	*work*	so much?
How much	DO	you	*earn*	a month?
How long	DO	We	*stay*	in this place?

Traducción

¿Cómo llego a ese lugar?
¿Cuándo salimos para la granja?
¿A qué hora llegan ellos de la granja?
¿Dónde viven ellos durante el verano?
¿Qué hace usted para ganarse la vida?
¿Por qué trabaja usted tanto?
¿Cuánto gana usted al mes?
¿Cuánto tiempo nos quedamos en este lugar?

El verbo *TO KNOW* (saber, conocer) y algunas expresiones prácticas que se pueden formar con él. Obsérvese la posición de la segunda forma verbal *(is, lives, gets).*

DO	you	*know*	where	the post office	*is?*
DO	you	*know*	what time it		*is?*
DO	you	*know*	where	my books	*are?*
DO	you	*know*	where	Mr. Lopez	*lives?*
DO	you	*know*	when	he	*gets* here?

Repasando el presente afirmativo, negativo e interrogativo con el verbo *TO WORK* (trabajar).

Affirmative:	I	work	(Yo trabajo)
	He	works	(Él trabaja)
Negative:	I	*don't*	work
	He	*doesn't*	work
Interrogative:	How *do*	I	work?
	How *does*	he	work?
	How *do*	we	work?
	How *does*	it	work?

Obsérvese la posición de los diversos elementos de la oración en el interrogativo:

Auxiliar + Sujeto + Verbo
↓ ↓ ↓
DOES   the watch   **work?**   (¿Funciona el reloj?

Affirmative:	I	want	to work
	He	wants	to work
Negative:	I	*don't*	want to work
	He	*doesn't*	want to work
Interrogative:	*Do* I	want	to work?
	Does he	want	to work?
	Does she	want	to work?
	Do you	want	to work?

Obsérvese la posición: *auxiliar, sujeto,* y *verbo infinitivo,* en estas oraciones interrogativas.

	DOES	Robert	*want*	*to work?*
	DOES	the boy	*want*	*to work?*
Where	*DOES*	the boy	*want*	*to work?*
When	*DOES*	he	*want*	*to work?*
Why	*DOES*	Robert	*want*	*to work?*

Observe en estas gráficas *speak* y *write* en su forma original (o simple), en gerundio (ing) y con la forma *going to*.

I	speak		to	you	every day
I'm	speaking		to	you	now
I'm	GOING	to speak	to	you	tomorrow
I *don't*	speak		to	you	every day
I'm not	speaking		to	you	now
I'm not	GOING	to speak	to	you	tomorrow
Do you	speak		to	me	every day?
Are you	speaking		to	me	now?
Are you	GOING	to speak	to	me	tomorrow?

He	writes		to	us	every week
He's	writing		to	us	now
He's	GOING	to write	to	us	tomorrow
He *doesn't*	write		to	us	every week
He *isn't*	writing		to	us	now
He *isn't*	GOING	to write	to	us	tomorrow
Does he	write		to	us	every week?
Is he	writing		to	us	now?
Is he	GOING	to write	to	us	tomorrow?

MODO IMPERATIVO

Una de las fases más importantes en el aspecto lingüístico es el Modo Imperativo, dado su enorme empleo en el lenguaje cotidiano.

La base primordial de su formación es simplemente el verbo en su forma original o simple. Dicho de otra manera, se diría que el Imperativo es un *infinitivo* sin la partícula *to*. Ejemplos:

Infinitivo		*Imperativo*	
To speak	(hablar)	SPEAK	(hable, habla)
to eat	(comer)	EAT	(coma, come)
to come	(venir)	COME	(venga, ven)
to wait	(esperar)	WAIT	(espere, espera)
to read	(leer)	READ	(lea, lee)
to write	(escribir)	WRITE	(escriba, escribe)
to walk	(caminar)	WALK	camine, camina)
to look	(mirar)	LOOK	(mire, mira)

El negativo se forma mediante el empleo de *DON'T* (*do* not) antepuesto al verbo:

	speak	No hable
	eat	No coma
	come	No venga
DON'T	*wait*	No espere
	read	No lea
	write	No escriba
	walk	No camine
	look	No mire

USO DE *LET'S* (let us) EN EL IMPERATIVO

El Modo Imperativo que se emplea en la primera persona del plural se expresa con el auxiliar *LET'S* (*let* us), cuando uno mismo se incluye junto con otras personas para desarrollar una acción determinada. Dicho auxiliar va seguido de un verbo en su forma original o simple, es decir, *speak, eat, come,* etc.

Veamos en este cuadro sinóptico la explicación esquemáticamente sintetizada de lo anterior.

LET'S		
	speak	Hablemos
	eat	Comamos
	come	Vengamos
	wait	Esperemos
	read	Leamos
	write	Escribamos
	walk	Caminemos
	look	Miremos

Observemos ahora la palabra NOT después de *let's* para formar el negativo.

LET'S NOT		
	speak	No hablemos
	eat	No comamos
	come	No vengamos
	wait	No esperemos
	read	No leamos
	write	No escribamos
	walk	No caminemos
	look	No miremos

EJERCICIOS

Ponga en Imperativo los siguientes verbos en infinitivo. Emplee tanto la forma singular como plural. Ejemplo:

Infinitivo: to go (home)

Imperativo singular: Go home = vete a casa

Imperativo plural: Let's go home = vayamos a casa

1 to speak (English)	11 to close (the door)
2 to come (here)	12 to stop (at the corner)
3 to work	13 to play (the piano)
4 to walk	14 to practice (the lesson)
5 to sit down	15 to write (the exercise)
6 to dance	16 to read (the newspaper)
7 to wait	17 to study (in school)
8 to stay (here)	18 to take (a bus)
9 to have (some coffee)	19 to listen (to the music)
10 to do (the work)	20 to go (home)

Cambie ahora ambos Imperativos a la forma negativa, empleando los mismos verbos en infinitivo. Ejemplo:

Infinitivo: to go (home)

Imp. neg. sing.: Don't go home = No vayas a casa

Imp. neg. plural: Let's not go home = No vayamos a casa

NÚMEROS CARDINALES Y LA FORMACIÓN DE LOS ORDINALES

	Cardinales			Ordinales	
1	one	(uán)	1st	first	(ferst)
2	two	(tu)	2 nd	second	(sécond)
3	three	(zri)	3rd	third	(zerd)
4	four	(for)	4th	fourth	(forz)
5	five	(fáiv)	5th	fifth	(fifz)
6	six	(six)	6th	sixth	(sixz)
7	seven	(séven)	7th	seventh	(sevenz)
8	eight	(eit)	8th	eighth	(eitz)
9	nine	(náin)	9th	ninth	(náinz)
10	ten	(ten)	10th	tenth	(tenz)
11	eleven	(iléven)	11th	eleventh	(ilévenz)
12	twelve	(tuélv)	12th	twelfth	(tuélfz)
13	thirteen	(zertín)	13th	thirteenth	(zertínz)
14	fourteen	(fortín)	14th	fourteenth	(fortínz)
15	fifteen	(fiftín)	15th	fifteenth	(fiftínz)
16	sixteen	(sixtín)	16th	sixteenth	(sixtínz)
17	seventeen	(seventín)	17th	seventeenth	(seventínz)
18	eighteen	(eitín)	18th	eighteenth	(eitínz)
19	nineteen	(naintín)	19th	nineteenth	(naitínz)
20	twenty	(tuénti)	20th	twentieth	(tuéntiez)
21	twenty-one		21th	twenty-first	
22	twenty-two		22th	twenty-second	
23	twenty-three		23th	twenty-third	
24	twenty-four		24th	twenty-fourth	
25	twenty-five		25th	twenty-fifth	
26	twenty-six		26th	twenty-sixth	
30	thirty	(zérti)	30th	thirtieth	(zértiez)
40	forty	(fórti)	40th	fortieth	(fórtiez)
50	fifty	(fífti)	50th	fiftieth	(fíftiez)
60	sixty	(síxti)	60th	sixtieth	(síxtiez)
70	seventy	(séventi)	70th	seventieth	(séventiez)
80	eighty	(éiti)	80th	eightieth	(éitiez)
90	ninety	(náinti)	90th	ninetieth	(náintiez)
100	one hundred	(uán jóndred)	100th	one hundredth	(jóndredz)
101	one hundred and one		101th	one hundred and first	
102	one hundred and two		102th	one hundred and second	
103	one hundred and three		103th	one hundred and third	

Cardinales	Ordinales
200 two hundred	200th two hundredth
300 three hundred	300th three hundredth
400 four hundred	400th four hundredth
500 five hundred	500th five hundredth
600 six hundred	600th six hundredth
700 seven hundred	700th seven hundredth
800 eight hundred	800th eight hundredth
900 nine hundred	900th nine hundredth
1,000 one thousand (záusand)	1,000th one thousandth (zausandz)
2,000 two thousand	2,000th two thousandth
1.000,000 one million (mílion)	1.000,000th one millionth (mílionz)
2.000,000 two million	2.000,000th two millionth

EMPLEO DEL AUXILIAR CAN (poder)

Éste es un verbo defectivo por constar sólo de las formas en presente y pasado, careciendo por lo tanto de participio y gerundio, así como también de los demás tiempos. No toma la partícula *to* en su forma de infinitivo. De igual modo inmediatamente después de CAN los infinitivos pierden también la partículo *to*. Tampoco admite *s* en las terceras personas del singular (he, she, it).

Ejemplos: I *can* = yo puedo
                He *can* = él puede

Según lo anteriormente explicado, después de CAN se suprime la partícula *to* del verbo en infinitivo que le siga.

Ejemplo: I CAN speak English

Asimismo CAN *no* utiliza los auxiliares *do, don't, does* y *doesn't* para formar el presente interrogativo y negativo, ya que dicho verbo defectivo es auxiliar de si mismo al igual que TO BE (ser o estar).

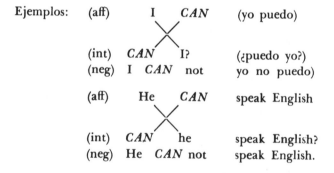

Ejemplos: (aff)   I   CAN   (yo puedo)

           (int)   CAN   I?   (¿puedo yo?)
           (neg)   I CAN not   yo no puedo)

           (aff)   He   CAN   speak English

           (int)   CAN   he   speak English?
           (neg)   He CAN not   speak English.

Comparando el verbo CAN (poder) y el verbo TO WANT (querer).

I	CAN see	you	I	WANT to see you
You	CAN speak	to me	You	WANT to speak to me
He	CAN eat		He	WANTS to eat
She	CAN buy		She	WANTS to buy
It	CAN run		It	WANTS to run
We	CAN talk	to you	We	WANT to talk to you
You	CAN read		You	WANT to read
They	CAN work		They	WANT to work

Algunas oraciones prácticas que se pueden formar en torno a *CAN*.

Obsérvese cómo en inglés *no* puede haber un doble interrogativo en una misma oración. Es decir, únicamente debe emplearse un auxiliar interrogativo en una oración de ese tipo. Evite dos auxiliares interrogativos en una misma oración. Nótese, por lo tanto, la posición de *is, are, was, were*, etc.

CAN	you tell	*me*	what time	it	*IS?*
CAN	you tell	*us*	where	the Post office	*IS?*
CAN	you tell	*him*	where	his books	*ARE?*
CAN	you tell	*them*	how	the boy	*WAS?*
CAN	you tell	*her*	how	the children	*WERE?*
CAN	you tell	*me*	how much	he	*WANTS?*
CAN	you tell	*us*	how much	this house	*COSTS?*
CAN	you tell	*us*	how long	this	*LASTS?*
CAN	you tell	*me*	how long	this trip	*LASTS?*
CAN	you tell	*me*	how many	she	*NEEDS?*
CAN	you tell	*me*	where	Mr. Lopez	*LIVES?*

CAN	you tell	*us*	when	he	*GETS* here?

Traducción

¿Puede usted decirme qué hora es?
¿Puede usted decirnos dónde está la oficina de correos?
¿Puede usted decirle a él dónde están sus libros?
¿Puede usted decirles a ellos cómo estaba el muchacho?
¿Puede usted decirle a ella cómo estaban los niños?
¿Puede usted decirme cuánto quiere él?
¿Puede usted decirnos cuánto cuesta esta casa?
¿Puede usted decirnos cuánto tiempo dura esto?
¿Puede usted decirme cuánto tiempo dura este viaje?
¿Puede usted decirme cuántos necesita ella?
¿Puede usted decirme dónde vive el señor López?
¿Puede usted decirnos cuándo llega él aquí?

THE MONTHS OF THE YEAR
(Los meses del año)

January	(yánueri)	= enero
February	(fébrueri)	= febrero
March	(march)	= marzo
April	(éiprol)	= abril
May	(mei)	= mayo
June	(yun)	= junio
July	(yulái)	= julio
August	(ógost)	= agosto
September	(septémber)	= septiembre
October	(octóber)	= octubre
November	(novémber)	= noviembre
December	(disémber)	= diciembre

PRONOMBRES REFLEXIVOS

Singulares

Myself	(maiself)	= yo mismo
yourself	(iorself)	= usted mismo
himself	(jimself)	= él mismo
herself	(jerself)	= ella misma
itself	(itself)	= ello mismo (impersonal)

Plurales

Ourselves	(aurselvs)	= nosotros mismos
yourselves	(iorselvs)	= ustedes mismos
themselves	(demselvs)	= ellos (as) mismos

NOTA: Themselves es el plural de *himself, herself, itself.*

EMPLEO DE *WILL*

Generalmente en el inglés moderno y práctico el auxiliar *WILL* (uil) se emplea en todas las personas y con todos los verbos (excepto *can* y *must*) para construir la forma en futuro.

Úsase *SHALL* exclusivamente en el inglés retórico o en poesía y liturgia y sólo en las primeras personas *I* y *we*: I *shall*, we *shall*.

Para convertir una forma verbal de presente a futuro se requiere únicamente *anteponer* el auxiliar *WILL* al verbo en presente, o sea, en su forma original (speak, read, write, rain, swim, dance, etc.). Ejemplos:

I		speak =	Yo hablo
I	*WILL*	speak =	Yo hablaré
He		reads =	Él lee
He	*WILL*	read =	Él leerá

Ahora nótese cómo *WILL* no toma *s* al conjugarse con he, she, it y observe cómo la *s* empleada en la forma en presente desaparece en la forma futura. Ejemplos:

She		write*S* =	Ella escribe
She	*will*	write =	Ella escribirá
It		rain*S* =	Llueve
It	*will*	rain =	Lloverá

Para formar el futuro negativo colóquese la partícula NOT después de *WILL*. Ejemplos:

(af.)	We *will*	swim =	Nosotros no nadaremos
(neg)	We *will* NOT	swim =	Nosotros nadaremos

Y para cambiar del futuro afirmativo al interrogativo, inviértase la posición del sujeto con *WILL*, como en el caso de *can* y de *to be*. Ejemplos:

They *will*	dance =	Ellos bailarán
Will they	dance? =	¿Bailarán ellos?

Existen, asimismo, el uso práctico de las contracciones tanto de *WILL* como de *WILL* not. Veámoslas en estos ejemplos ilustrativos.

I *WILL* be in Chicago next week⎱ Estaré en Chicago
I'*LL*　　 be in Chicago next week⎰ la semana próxima

　 I *WILL* not be here tomorrow⎱ No estaré aquí mañana
　　 I *WON'*T be here tomorrow⎰

— 74 —

EXPRESIONES IDIOMÁTICAS QUE SE FORMAN CON *WILL*

Además de ser *WILL* el auxiliar del futuro, también implica en ciertos casos un giro de cortesía en la expresión "*WILL you please...?*", la cual podría equivaler en español a "*Tenga la bondad...*". "*Tendrá usted la bondad o amabilidad...?*, etc. Asimismo la expresión "*WILL you be so kind...?*" significa en castellano: *¿Será usted tan amable...?*

Veamos a continuación algunos ejemplos que ilustran dichas expresiones.

WILL you please come here?⎫
Please come here, *WILL* you?⎭ Tenga la bondad de venir acá

WILL you please open the door?⎫ Tenga la bondad
Please open the door, *WILL* you?⎭ de abrir la puerta

WILL you please be careful?⎫ Tenga la bondad
Please be careful, *WILL* you?⎭ de tener cuidado

WILL you please wait for me?⎫ ¿Tendrá Ud. la bon-
Please wait for me. *WILL* you?⎭ dad de esperarme?

WILL you please give me the bill?⎫ ¿Tendrá la bondad
Please give me the bill, *WILL* you?⎭ de darme la cuenta?

WILL you please change this for me?⎫ ¿Tendrá usted la bondad
Please change this for me, *WILL* you?⎭ de cambiarme esto?

WILL you please show me another kind?⎫ ¿Tendrá Ud. la bondad
Please show me another kind, *WILL* you?⎭ de enseñarme otra clase?

WILL you please take a seat?⎫ Tenga la bondad
Please take a seat, *WILL* you?⎭ de tomar asiento

WILL you please bring me the newspaper?⎫ ¿Tendrá Ud. la bon-
Please bring me the newspaper, *WILL* you?⎭ dad de traerme el periódico

WILL you please get it for me?⎫ ¿Tendrá Ud. la bondad
Please get it for me, *WILL* you?⎭ de conseguírmelo?

WILL you please be quiet?⎫ ¿Tendrá usted la amabilidad de
Please be quiet, *WILL* you?⎭ guardar silencio?

WILL	you	be	so	kind	to come	here?
WILL	you	be	so	kind	to open	the door?
WILL	you	be	so	kind	to be	careful?
WILL	you	be	so	kind	to wait	for me?
WILL	you	be	so	kind	to give	me the bill?
WILL	you	be	so	kind	to change	this for me?
WILL	you	be	so	kind	to show	me another kind?
WILL	you	be	so	kind	to take	a seat?
WILL	you	be	so	kind	to bring	me the newspaper?
WILL	you	be	so	kind	to get	it for me?
WILL	you	be	so	kind	to be	quiet?

Traducción

¿Será usted tan amable de venir acá?

¿Será usted tan amable de abrir la puerta?

¿Será usted tan amable de tener cuidado?

¿Será usted tan amable de esperarme?

¿Será usted tan amable de darme la cuenta?

¿Será usted tan amable de cambiarme esto?

¿Será usted tan amable de enseñarme otra clase?

¿Será usted tan amable de tomar asiento?

¿Será usted tan amable de traerme el periódico?

¿Será usted tan amable de conseguírmelo?

¿Será usted tan amable de guardar silencio?

GRADOS DEL ADJETIVO

Abordemos primeramente los adjetivos largos, o sean, los que constan de dos o más sílabas como:

IMPORTANT	(importante)
INTERESTING	(interesante)
INTELLIGENT	(inteligente)
USEFUL	(útil)

Tomemos ahora uno de ellos para ilustrar sus tres grados, ya que los demás siguen el mismo patrón.

Grado Positivo: USEFUL (útil)

Grado Comparativo: *more* USEFUL *than* (más útil que)

Grado Superlativo: the *most* USEFUL *of* (el más útil de)

Veamos lo anterior expuesto esquemáticamente.

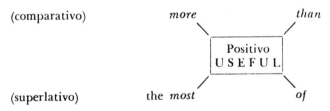

EL GRADO COMPARATIVO Y SUS DISTINTAS FORMAS

El comparativo tiene tres variantes, a saber: *comparativo de igualdad, comparativo de superioridad* y *comparativo de inferioridad.*

Comparativo de Igualdad

(af.)   *as* USEFUL   *as*   (tan útil como)

(Neg)   not *as* USEFUL   *as*   (no tan útil como)

Comparativo de Superioridad

more   USEFUL   *than*   (más útil que)

Comparativo de Inferioridad

less   USEFUL   *than*   (menos útil que)

Observemos lo anterior expuesto en forma esquemáticamente digerida.

(1)	*as*		*as*	(1)
(2)	not *as*		*as*	(2)
(3)	*more*	U S E F U L	*than*	(3)
(4)	*less*		*than*	(4)

REGLA REFERENTE A LOS GRADOS DEL ADJETIVO
APLICABLE A LOS ADJETIVOS CORTOS

Denomínanse aquí adjetivos cortos los que constan de una sola sílaba, como *tall, short, quick*, etc.; o bien aquellos de dos sílabas terminados en *y, w* y *de,* como *easy, narrow* y *wide,* etc. Fórmase el Comparativo de esta clasificación añadiendo *ER* al Positivo, por ejemplo:

tall*ER*	(más alto)
short*ER*	(más corto)
quick*ER*	(más rápido)
easi*ER*	(más fácil)
narrow*ER*	(más angosto)
wid*ER*	(más ancho) etc.

Para el Superlativo se añade al Positivo las letras *EST,* por ejemplo:

The tall*EST*	(el más alto)
The short*EST*	(el más corto)
The quick*EST*	(el más rápido)
The easi*EST*	(el más fácil)
The narrow*EST*	(el más angosto)
The wid*EST*	(el más ancho)

Tomemos ahora uno de los adjetivos arriba expuesto, a fin de suministrar ejemplos ilustrativos de cada uno de sus grados.

Positivo: The horse is *quick*
(El caballo es rápido)

Comparativo: The train is *quick*ER *than* the horse
(El tren es más rápido que el caballo)

Superlativo: But the airplane is *the quick*EST *of the* three
(Pero el avión es el más rápido de los tres)

Observemos en el siguiente esquema la explicación gráfica y condensada de lo anterior.

	Positivo	
1)	old	
2)	young	
3)	new	
4)	fast	
5)	strong	
6)	weak	Comparativo
7)	long	ER than
8)	small	
9)	rich	Superlativo
10)	poor	EST of
11)	clean	
12)	hard	
13)	soft	
14)	cold	

1)	viejo	más viejo	que	el más viejo	de
2)	joven	más joven	que	el más joven	de
3)	nuevo	más nuevo	que	el más nuevo	de
4)	rápido	más rápido	que	el más rápido	de
5)	fuerte	más fuerte	que	el más fuerte	de
6)	débil	más débil	que	el más débil	de
7)	largo	más largo	que	el más largo	de
8)	pequeño	más pequeño	que	el más pequeño	de
9)	rico	más rico	que	el más rico	de
10)	pobre	más pobre	que	el más pobre	de
11)	limpio	más limpio	que	el más limpio	de
12)	duro	más duro	que	el más duro	de
13)	suave	más suave	que	el más suave	de
14)	frío	más frío	que	el más frío	de

Tanto en el Comparativo como en el Superlativo los adjetivos terminados en *y*, como *easy*, (fácil), *pretty* (bonito), *dirty* (sucio), etc. cambian dicha consonante por la vocal *i*:

easy —	easier —	the easiest
pretty —	prettier —	the prettiest
dirty —	dirtier —	the dirtiest

También otros adjetivos como *big* (grande), *fat* (gordo), *thin* (delgado), *hot* (caliente) duplican la consonante final en el Comparativo y Superlativo:

big —	bigger —	the biggest
fat —	fatter —	the fattest
thin —	thinner —	the thinnest
hot —	hotter —	the hottest

EL GRADO COMPARATIVO DE LOS ADJETIVOS CORTOS Y SUS DISTINTAS FORMAS

Veamos las tres formas del grado Comparativo en este tipo de adjetivos.

Comparativo de Igualdad

Af.)	*AS*	tall	*AS*	(tan alto como)
Neg)	*not AS*	tall	*AS*	(no tan alto como)

Comparativo de Superioridad

tallER   *than*   (más alto que)

Comparativo de Inferioridad

LESS   tall   *than*   (menos alto que)

SUPERLATIVO DE SUPERIORIDAD E INFERIORIDAD

La palabra LEAST colocada delante de un adjetivo en grado Positivo origina el Superlativo de Inferioridad, tanto en los adjetivos cortos como largos:

the LEAST comfortable *of* all houses (La menos cómoda de todas las casas)

the LEAST   old   *of* all churches (La menos vieja de todas las iglesias)

Advierta que el artículo *the* siempre se antepone a la palabra *least.*

Sinteticemos en este cuadro sinóptico el Comparativo y Superlativo de Superioridad y de Inferioridad.

Comparativo

1 (superioridad)	*more*		*than*	(1)
2 (inferioridad)	*less*		*than*	(2)
		COMFORTABLE		
Superlativo				
3 (superioridad) *the most*			*of*	(3)
4 (inferioridad) the *least*			*of*	(4)

1 Más cómodo que
2 Menos cómodo que
3 El más cómodo de
4 El menos cómodo de

ADJETIVOS IRREGULARES EN CUANTO A LA FORMACIÓN DE SU COMPARATIVO Y SUPERLATIVO

Los adjetivos *good* (bueno), *bad* (malo), *much* (mucho), *many* (muchos), *little* (poco) y *few* (pocos) se apartan totalmente del patrón que siguen los demás para formar su Comparativo y Superlativo, toda vez que poseen una forma especial e independiente en cada uno de sus grados.

CUADRO COMPARATIVO DE LAS TRES CLASES DE ADJETIVOS

Compárase a continuación los adjetivos que presentan dicha irregularidad con los adjetivos largos y cortos.

Positivo	Comparativo			Superlativo	
GOOD	BETTER	than	the	BEST	(of)
BAD	WORSE	than	the	WORST	(of)
MUCH	MORE	than	the	MOST	(of)
MANY	MORE	than	the	MOST	(of)
LITTLE	LESS	than	the	LEAST	(of)
FEW	FEWER	than	the	FEWEST	(of)
important	more important	than the		most important	(of)
difficult	more difficult	than the		most difficult	(of)
complicated	more complicated	than the		most complicated	(of)
New	newER	than	the	newEST	(of)
old	oldER	than	the	oldEST	(of)
young	youngER	than	the	youngEST	(of)
late	latER	than	the	latEST	(of)

Observe la formación de los distintos grados del adjetivo, tanto los largos como los cortos. Lea en voz alta las oraciones de ambas gráficas y después construya otras nuevas oraciones, sustituyendo *comfortable* por *modern* en la primera ilustración. En la segunda gráfica reemplace *young* por *short* y *old* por *tall*.

My	house is		COMFORTABLE		
Your	house is	*more*	COMFORTABLE	*than*	mine
His	house is the	*most*	COMFORTABLE	*of*	the three
Her	house is	*less*	COMFORTABLE	*than*	ours
Their	house is the	*least*	COMFORTABLE	*of*	all

Traducción

Mi casa es cómoda
Tu casa es más cómoda que la mía
La casa de él es la más cómoda de las tres

La casa de ella es menos cómoda que la nuestra
La casa de ellos es la menos cómoda de todas

	I am		YOUNG		
My brother	is		YOUNGER	*than*	I
My sister	is	*the*	YOUNGEST	*of*	the family
	I am	*less*	YOUNG		*than* my brother
My father	is	*the least*	YOUNG		*of* all the family
	I am		OLDER	*than*	my brother
My father	is	*the*	OLDEST	*of*	the three

Traducción

Yo soy joven
Mi hermano es menor que yo
Mi hermana es la menor de mi familia

Yo soy menos joven que mi hermano
Mi padre es el menos joven de toda la familia

Yo soy mayor que mi hermano
Mi padre es el mayor de los tres

Observe gráficamente la formación del comparativo de igualdad, así como su forma negativa. Lea los siguientes ejemplos ilustrativos en voz alta.

Our house is	*AS*	*comfortable*	*AS*	yours
Their house is *not AS*		*comfortable*	*AS*	hers
Frank is	*AS*	*old*	*AS*	I am
She is not *AS*		*old*	*AS*	you are

Traducción

Mi casa es tan cómoda como la tuya
La casa de ellos no es tan cómoda como la de ella

Francisco tiene la misma edad que yo
Ella tiene menos edad que tú.

EJERCICIOS

I Sustituya de la gráfica el adjetivo *comfortable* por *expensive* (caro) y *old* por *strong*.

II Haga que alguien le dicte en español las oraciones de estas tres últimas gráficas para que usted las traduzca por escrito al inglés. Después rectifíquelas guiándose por su libro.

Observe gráficamente la formación de los grados Positivo, Comparativo y Superlativo en los adjetivos irregulares como *good* y *bad*.

Lea en voz alta cada una de las oraciones que ilustran las tres gráficas siguientes:

	My	pronunciation is		GOOD		
	Your	pronunciation is		BETTER	*than*	mine
The	teacher's	pronunciation is	*the*	BEST	*of*	the three

Mi pronunciación es buena
La pronunciación de usted es mejor que la mía
La pronunciación del maestro es la mejor de las tres

John	is a	*BAD*		student
Henry	is	*WORSE*	*than*	John
Paul	is *the*	*WORST*	*of*	all students

Juan es un mal estudiante
Enrique es peor que Juan
Pablo es el peor de todos los estudiantes

	His pronunciation is	*AS*	good	*AS*	hers	
Frank's	pronunciation is	*not AS*	good	*AS*	Helen's	
	Your brother is	*AS bad*	student	*AS*	you	*ARE*
	Your sister is	*not AS bad*	student	*AS*	your	*ARE*

La pronunciación de él es tan buena como la de ella
La pronunciación de Francisco no es tan buena como la de Elena

Tu hermano es tan mal estudiante como tú
Tu hermana no es tan mal estudiante como tu hermano

EJERCICIOS

Haga que alguien le dicte en español las oraciones de estas tres gráficas para que usted las traduzca por escrito al inglés. Después rectifíquelas guiándose por su libro.

EJERCICIOS

Dé el comparativo y superlativo de los siguientes adjetivos.
Ejemplos:

IMPORTANT:

more important *than*	(comparativo)
the *most* important *of*	(superlativo)

EASY:

esi*er than*	(comparativo)
the easi*est of*	(superlativo)

1	important	11	long
2	easy	12	cold
3	big	13	difficult
4	pretty	14	modern
5	elegant	15	old
6	intelligent	16	new
7	strong	17	large
8	quick	18	beautiful
9	interesting	19	good
10	small	20	bad

EMPLEO DEL AUXILIAR *COULD* (cud)

La forma en pasado de *CAN* (poder) es *COULD* (pudo o podía). Al igual que *CAN* los infinitivos que le siguen pierden la partícula *to*.

COULDN'T es la contracción de *COULD* NOT (no pudo o podía). Ejemplo:

He *could*n't *come* yesterday, because he was busy.

Repasando el presente y pasado afirmativo, negativo e interrogativo del verbo *CAN* (poder) con el infinitivo *TO WORK* (trabajar).

PRESENT

Affirmative:	I	*CAN* work	(yo puedo trabajar)
	He	*CAN* work	(él puede trabajar)

Negative:	I	*CAN* not work
	He	*CAN* not work

Interrogative:	When *CAN* I work?
	When *CAN* he work?

PAST

Affirmative:	I	*COULD* work	(él pudo o podía trabajar)
	He	*COULD* work	(yo pude o podía trabajar)

Negative:	I	*COULD* not work
	He	*COULD* not work

Interrogative:	*COULD* I work?
	COULD he work?

Todos los verbos en inglés emplean los auxiliares *don't* y *doesn't* para el presente negativo y *do* y *does* para formar el presente interrogativo, exceptuando los verbos auxiliares *to be, can, must, may* y *might*.

Observe la posición de las contracciones CAN'T (can not) y COULDN'T (could not). Nótese también los infinitivos sin to (speak, swim, write, understand, cook y play).

I	CAN	speak	English	now
I	COULDN'T	speak	English	before
He	COULD	swim	a little	last year
He	CAN'T	swim	very well	now
We	CAN	write	letters	now
We	COULDN'T	write	letters	before

Traducción

Yo puedo hablar inglés ahora
Yo no podía hablar ingles anteriormente

Él podía nadar un poco el año pasado
Él no puede nadar muy bien ahora

Nosotros podemos escribir cartas ahora
Nosotros no podíamos escribir cartas antes

CAN	you	understand	English	now?
COULD	you	understand	English	last year?
CAN	she	cook	dinner	now?
COULD	she	cook	dinner	before?
CAN	they	play	base-ball	today?
COULD	they	play	base-ball	yesterday?

Traducción

¿Puede usted entender inglés ahora?
¿Podía usted entender inglés el año pasado?

¿Puede ella cocinar la comida ahora?
¿Podía ella cocinar la comida antes?

¿Pueden ellos jugar pelota hoy?
¿Pudieron ellos jugar pelota ayer?

Observe cómo COULD siempre se antepone al sujeto en la forma interrogativa y recuérdese la posición de los tres elementos básicos que integran dicha forma:

AUXILIAR + SUJETO + VERBO

What	*COULD*	you	*do*	before?
What	*COULD*	Mary	*do*	before?
How	*COULD*	they	*come*	yesterday?
How	*COULD*	Frank	*come*	yesterday?
How much	*COULD*	she	*buy*	last week?
How much	*COULD*	I	*buy*	last week?
How long	*COULD*	they	*dance*	last night?
How long	*COULD*	he	*dance*	last night?
At what time	*COULD*	he	*leave*	yesterday?
At what time	*COULD*	we	*leave*	yesterday?

Traducción

¿Qué podía usted hacer antes?
¿Qué podía hacer María antes?

¿Cómo pudieron ellos venir ayer?
¿Cómo pudo Francisco venir ayer?

¿Cuánto pudo ella comprar la semana pasada?
¿Cuánto pude comprar la semana pasada?

¿Cuánto tiempo pudieron ellos bailar anoche?
¿Cuánto tiempo pudo él bailar anoche?

¿A qué hora pudo él salir ayer?
¿A qué hora pudimos salir ayer?

EJERCICIOS

Para practicar estas formas, sustitúyase do por *see,* come por *walk,* buy por *sell* (vender), dance por *swim,* leave por *go.*

FORMAS SINÓNIMAS DE *CAN* Y *COULD*

Como *CAN* expresa *habilidad* o *potencia,* este auxiliar equivale, por lo tanto, a la forma TO BE *ABLE* [1] (ser capaz).

De ahí que:

$$CAN = TO\ BE\ ABLE$$

Veamos a continuación tanto la forma en presente como en pasado de *CAN* y sus correspondientes sinónimos.

PRESENTE

Af.)	I	*CAN*		swim	= I	*am*	*ABLE* to swim
Neg)	I	*CAN*	*not*	swim	= I	*am not*	*ABLE* to swim
Int)		*CAN* I		swim?	= *Am*	I	*ABLE* to swim?

Af.)	You	*CAN*		swim	= You	*are*	*ABLE* to swim
Neg)	You	*CAN*	*not*	swim	= You	*are not*	*ABLE* to swim
Int)		*CAN* you		swim?	= *Are*	you	*ABLE* to swim?

Af.)	He	*CAN*		swim	= He	*is*	*ABLE* to swim
Neg)	He	*CAN*	*not*	swim	= He	*is not*	*ABLE* to swim
Int)		*CAN* he		swim?	= *Is*	he	*ABLE* to swim?

PASADO

Af.)	I	*COULD*	swim	= I	*was*	*ABLE* to swim
Neg)	I	*COULD not*	swim	= I	*was not*	*ABLE* to swim
Int)	*COULD* I		swim?	= *Was*	I	*ABLE* to swim?

Af.)	He	*COULD*	swim	= He	*was*	*ABLE* to swim
Neg)	He	*COULD not*	swim	= He	*was not*	*ABLE* to swim
Int)	*COULD* he		swim?	= *Was*	he	*ABLE* to swim?

Af.)	They	*COULD*	swim	= They	*were*	*ABLE* to swim
Neg)	They	*COULD not*	swim	= They	*were not*	*ABLE* to swim
Int)	*COULD* they		swim?	= *Were*	they	*ABLE* to swim?

EJERCICIOS

Practique las formas de TO BE *ABLE* (afirmativa, negativa e interrogativa) sustituyendo el infinitivo to swim por: *to walk, to run, to jump* y *to dance.*

[1] *Able* (éibol) = capaz.

CONJUGACIÓN DEL VERBO *TO HAVE* (tener)

TO HAVE, al igual que *to do*, es también verbo principal aunque además funge como auxiliar de los tiempos perfectos, equivaliendo en castellano al verbo *haber*, ejemplos:

I *have* spoken	(he hablado)
He *has* not eaten	(él no ha comido)
Have you seen?	(¿ha visto usted?)

Veámoslo ahora solamente en su acepción de *tener*, *poseer*.

Afirmativo	Interrogativo	Negativo
I ⎫ You ⎭ HAVE	DO ⎰ I *have?* ⎱ you *have?*	I ⎫ You ⎭ DON'T HAVE

He ⎫
She ⎬ HAS
It ⎭
	DOES ⎰ he *have?*
	      she *have?*
	      it *have?*
		He ⎫
		She ⎬ DOESN'T HAVE
		It ⎭

We ⎫
You ⎬ HAVE
They ⎭
	DO ⎰ we *have?*
	     you *have?*
	     they *have?*
		We ⎫
		You ⎬ DON'T HAVE
		They ⎭

Observe el uso de *HAS* en he, she, it, en el afirmativo.

Por otro lado la forma *HAVE TO* implica *necesidad* siendo, asimismo, sinónimo del auxiliar *MUST* (deber), ejemplos:

I *have to* go now (tengo que irme ahora)

You don't *have* to come tomorrow (Ud. no tiene que venir mañana)

Does he *have to* leave? (¿Tiene él que marcharse?)

USO IDIOMÁTICO DEL VERBO *TO HAVE*

TO HAVE significa *haber* o *tener*, pero también equivale a *ingerir* tanto alimentos sólidos como líquidos. Por lo cual *TO HAVE* puede reemplazar a los verbos *to eat* (comer) y *to drink* (beber).

Asimismo la expresión LET ME *HAVE* equivale a GIVE ME (déme) y
MAY I *HAVE* significa "sírvase darme..."

Veamos a continuación los siguientes ejemplos ilustrativos:

HAVE a coke	= *Drink* a coke	(tome una coca-cola)
HAVE a sandwich	= *Eat* a sandwich	(coma un emparedado)
HAVE a cigarrette	= *Smoke* a cigarette	(fume un cigarrillo)

I want TO HAVE a glass of milk⎫
I want *to drink* a glass of milk⎭ Quiero tomar un vaso de leche

I want *TO HAVE* some chicken⎫
  I want *to eat* some chicken⎭ Quiero comer algo de pollo

I'm going *TO HAVE* some coffee⎫
I'm going *to drink* some coffee⎭ Voy a tomar algo de café

I'm going *TO HAVE* a steak⎫
  I'm going *to eat* a steak⎭ Voy a comer un bistec

I always *HAVE* coffee for breakfast⎫ Yo siempre tomo café en
I always *drink* coffee for breakfast⎭ el desayuno

I always *HAVE* meat for dinner⎫ Yo siempre como carne en
  I always *eat meat* for dinner⎭ la comida

Let me *HAVE* another cup of coffee⎫
  Give me another cup of coffee⎭ Déme otra taza de café

Let me *HAVE* your name and address⎫ Déme su nombre y
  Give me your name and address⎭ dirección

Let me *HAVE* your car ⎧Déjeme disponer de su auto por un día o
  for a day ⎭Propórcioneme su auto por un día

May I *HAVE* some more coffee? = Sírvase darme más café

May I *HAVE* a cigarette? {Sírvase darme un cigarrillo o
¿Puedo tomar un cigarrillo?

May I HAVE your {Sírvase darme su nombre o dirección o
name and address {¿Puedo tomar su nombre y dirección?

May I HAVE a job application? = Sírvase darme una solicitud de
[empleo
May I *HAVE* one? = ¿Puedo tomar uno?

Veamos ahora la expresión YOU CAN *HAVE* en algunos ejemplos:

{Usted puede disponer de,
You can *HAVE* {Usted puede quedarse con, o
{Usted puede tomar

You can	*HAVE*	it
You can	*HAVE*	more milk if you wish
You can	*HAVE*	my room for a month
You can	*HAVE*	another cup of coffee
You can	*HAVE*	more time
You can	*HAVE*	five more minutes
You can	*HAVE*	a booklet
You can	*HAVE*	those books
You can't	*HAVE*	more money
You can't	*HAVE*	more coffee

Traducción

Usted puede quedarse con ello
Usted puede tomar más leche si desea
Usted puede disponer de mi cuarto por un mes
Usted puede tomar otra taza de café
Usted puede disponer de más tiempo
Usted puede disponer de cinco minutos más
Usted puede tomar un folleto
Usted puede quedarse con esos libros

Usted no puede disponer de más dinero
Usted no puede tomar más café.

EMPLEO DE *DID* Y *DIDN'T*

Los auxiliares *DID* y *DIDN'T* forman el Pasado Interrogativo y Negativo de todos los verbos en inglés, excluyendo, por supuesto a *to be, can* y *must*. Dichos auxiliares constituyen el pasado de *do, does, do*n't y *does*n't y al igual que éstos, van acompañados de un verbo en su forma original (speak, walk, write, etc.), pero nunca de un verbo principal en pasado (spoke, walked, wrote, etc.) ya que esta forma únicamente se emplea en el Pasado Afirmativo (I spoke, he walked, they wrote, etc.).

En contraste con los auxiliares del presente, *DID* y *DIDN'T* se emplean con todas las personas (I, you, he, she, it, we, you, they). *Didn't* es la contracción de *did* not.

Veamos seguidamente la explicación gráfica de lo anterior en forma esquemáticamente digerida.

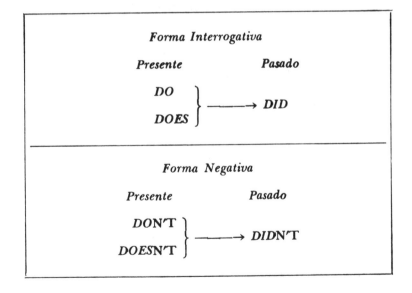

Forma Interrogativa

Presente   Pasado

DO
       } ———→ *DID*
DOES

Forma Negativa

Presente   Pasado

DON'T
       } ———→ *DIDN'T*
DOESN'T

VERBOS REGULARES

Denomínanse "VERBOS REGULARES" aquellos cuyo Pasado y Participio se construye añadiendo *"ED"* al infinitivo exento de la partícula *to,* o sea, el verbo en su forma original, ejemplo:

INFINITIVO sin *to* $+$ *ED* $=$ Pasado y Participio de los Verbos Regulares

Tomemos un típico verbo regular y observemos gráficamente cómo se forma dicho Pasado y Participio.

WORK $+$ *ED* $=$ WORK*ED* (trabajó), WORK*ED* (trabajado)

I work (Yo trabajo)
I work*ed* (Yo trabajé)
I *have* work*ed* (Yo he trabajado)

NOTA: *To have* $=$ haber o tener: *I have* $=$ yo he o tengo.

La terminación *ED* que es característica especial de todos estos verbos, no sufre variación en ninguna de las personas:

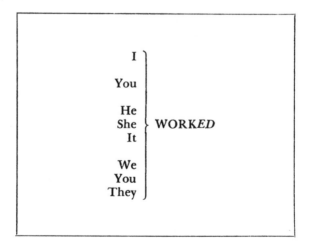

Téngase en cuenta que al pronunciar la palabra WORK*ED* la *e* es muda (como en la mayoría de los verbos regulares) y la *d* adquiere el sonido de *t.* El cambio de sonido en esta consonante es con el fin de dar a la palabra más eufonía y al mismo tiempo facilitar su pronunciación. Repita varias veces la palabra WORK-ED pronunciándola *uérct.*

Practiquemos pronunciando algunos verbos regulares en los cuales también en el Pasado y Participio la *e* de *ED* carece de sonido.

Infinitivo	*Pasado*		*Participio*
To talk	talk*ED*	(tóct)	talk*ED*
to walk	walk*ED*	(uóct)	walk*ED*
to look	look*ED*	(lúct)	look*ED*
to call	call*ED*	(cold)	call*ED*
to stay	stay*ED*	(stéid)	stay*ED*
to like	like*D*	(láict)	like*D*
to love	love*D*	(lóvt)	love*D*
to live	live*D*	(lívt)	live*D*

Advierta cómo los verbos regulares cuyo infinitivo termina en *"e"* como *like, love, live,* etc. sólo basta añadirles *"D"* para formar su Pasado y Participio: *liked. loved, lived,* etc.

CASOS EN QUE LA *"E"* DE LA TERMINACIÓN *ED* TIENE SONIDO

Generalmente dicha vocal es muda en el Pasado y Participio aunque existen, sin embargo, casos excepcionales donde la *e* tiene sonido y éstos corresponden a los infinitivos que terminan en: *t, te, d, de,* y *the.*

Infinitivos *terminados en:*				*Traducción* *infinitivo*
T como TO WAN*T*	WANTED	(uánted)		querer
TE como TO COMPLE*TE*	COMPLETED	(complíted)		completar
D como TO NEE*D*	NEEDED	(níded)		necesitar
DE como TO DECI*DE*	DECIDED	(disáided)		decidir
THE como TO BA*THE*	BATHED	(béided)		bañar

— 97 —

CASOS EN QUE LA *D* DE LA TERMINACIÓN *ED* SE PRONUNCIA COMO *T*

El sonido de la *"d"* en la terminación *ed* se cambia en *t* en aquellos verbos cuyo infinitivo termina en *k, sh, x, p, ss* y *ch*.

A continuación se ilustra dichos casos con algunos ejemplos, utilizando para ello distintas personas. Repítalos en voz alta, teniendo además en mente que aquí la *"e"* de *ed* es muda.

	Presente			Pasado	Traducción para ambas formas
I	ASK	(asc)	I	ASK*ED*	Yo pregunto-pregunté
I	ASK for		I	ASK*ED* for	Yo pido-pedí
They	LOOK	(luc)	They	LOOK*ED*	Ellos miran-miraron
They	LOOK for		They	LOOK*ED* for	Ellos buscan-buscaron
You	WALK	(uóc)	You	WALK*ED*	Tú caminas-caminaste
We	WALK		We	WALK*ED*	Nos. caminamos-cami- [namos
She	COOKS	(cucs	She	COOK*ED*	Ella cocina-cocinó
They	COOK	(cuc)	They	COOK*ED*	Ellos cocinan-cocina- [ron
I	FINISH	(fínish)	I	FINISH*ED*	Yo termino-terminé
He	FINISHES	(fínishes)	He	FINISH*ED*	Él termina-terminó
They	WASH	(uásh)	They	WASH*ED*	Ellos lavan-lavaron
She	WASHES	(uáshes)	She	WASH*ED*	Ella lava-lavó
You	PUSH	(push	You	PUSH*ED*	Ud. empuja-empujó
He	PUSHES	(púshes)	He	PUSH*ED*	Él empuja-empujó
They	FIX	(fix)	They	FIX*ED*	Ellos arreglan-arregla-
He	FIXES	(fíxes	He	FIX*ED*	Él arregla-arregló [ron
I	MIX	(mix)	I	MIX*ED*	Yo mezclo-mezclé
She	MIXES	(míxes)	She	MIX*ED*	Ella mezcla-mezcló
They	JUMP	(yomp	They	JUMP*ED*	Ellos brincan-brinca-
He	JUMPS	(yomps)	He	JUMP*ED*	Él brinca-brincó [ron
They	STOP	(stop)	They	STOP*PED*	Ellos se paran-pararon
He	STOPS	(stops	He	STOP*PED*	Él se para-paró
I	DRESS	(dres)	I	DRESS*ED*	Me visto-me vestí
She	DRESSES	(dréses	She	DRESS*ED*	Ella se viste-se vistió

	Presente			Pasado	Traducción para ambas formas
I	WATCH	uatch)	I	WATCHED	Yo observo-observé
He	WATCHES	(uátches)	He	WATCHED	Él observa-observó

NOTA: Es digno de hacer notar además, que aunque en la forma presente varían las terceras personas del singular (he, she, it) con respecto a los demás sujetos; en el Pasado no existe variación alguna en ninguno de los pronombres personales.

CASOS EN QUE LA *"D"* DEL PASADO Y PARTICIPIO CONSERVA SU MISMO SONIDO

	Presente			Pasado	Traducción para ambas formas
I	CALL	(col)	I	CALLED	Yo llamo-llamé
I	ANSWER	(ánser)	I	ANSWERED	Yo contesto-contesté
They	STAY	(stéi)	They	STAYED	Ellos se quedan-se [quedaron
You	PLAY	(pléi)	You	PLAYED	Ud. juega-jugó
I	REMEMBER	(rimémber)	I	REMEMBERED	Yo recuerdo-recordé
You	PULL	(pul)	You	PULLED	Ud. tira-de-tiró (de)
They	PLAN	(plan)	They	PLANNED	Ellos proyectan [proyectaron
I	LEARN	(lern)	I	LEARNED	Yo aprendo-aprendí
It	RAINS	(reins)	It	RAINED	Llueve-llovió
I	SHOW	(shóu)	I	SHOWED	Muestro-mostré
You	DESERVE	(disérv)	You	DESERVED	Ud. merece-mereció
I	BELIEVE	(bilív)	I	BELIEVED	Yo creo-creí
I	LIE	(lai)	I	LIED	Yo miento-mentí
They	FILL	(fil)	They	FILLED	Ellos llenan-llenaron
I	DREAM	(dríim)	I	DREAMED	Yo sueño-soñé
They	KILL	(kil)	They	KILLED	Ellos matan-mataron
It	HAPPENS	(jápens)	It	HAPPENED	Sucede-sucedió
It	CONTAINS	(contéins)	It	CONTAINED	Contiene-contenía
You	LISTEN	(lísen)	You	LISTENED	Ud. escucha-escuchó

CASOS EN QUE LA "Y" SE CAMBIA EN "I" PARA EL PASADO Y PARTICIPIO

Veamos ahora los verbos regulares cuyos infinitivos terminan en "y", letra que a su vez es precedida por otra consonante. En estos casos la Y se cambia por i en el Pasado y Participio, siendo muda, asimismo, la e de la terminación ED. La d conserva su mismo sonido.

Presente			Pasado		Traducción para ambas formas
I	STUDY	(stódi)	I	STUDIED	Yo estudio-estudié
He	STUDIES	(stódis)	He	STUDIED	Él estudia-estudió
I	HURRY	(jórri)	I	HURRIED	Me apresuro-apresuré
He	HURRIES	(jórris)	He	HURRIED	Él se apresura-se [apresuró
They	WORRY	(uórri)	They	WORRIED	Ellos se preocupan-se [preocuparon
She	WORRIES	(uórris)	She	WORRIED	Ella se preocupa-se [preocupó
You	TRY	(trái)	You	TRIED	Ud. procura-procuró
He	TRIES	(tráis)	He	TRIED	Él procura-procuró
They	MARRY	(márri)	They	MARRIED	Ellos se casan se casa- [ron
She	MARRIES	(márris)	She	MARRIED	Ella se casa-se casó
You	APPLY	(aplái)	You	APPLIED	Ud. aplica-aplicó
He	APPLIES	(apláis)	He	APPLIED	Él aplica-aplicó
I	APPLY for		I	APPLIED for	Yo solicito-solicité
She	APPLIES for		She	APPLIED for	Ella solicita-solicitó
I	DRY	(drái)	I	DRIED	Yo seco-sequé
He	DRIES	(dráis)	He	DRIED	Él seca-secó
They	DENY	(dinái)	They	DENIED	Ellos niegan-negaron
She	DENIES	(dináis)	She	DENIED	Ella niega-negó

FORMA EN PASADO DE LOS VERBOS IRREGULARES

Observe que el verbo en su forma clásica de pasado (spoke, saw, ate), se utiliza únicamente en el Pasado Afirmativo.

Advierta asimismo que tanto en el Pasado Interrogativo como en el Negativo, el verbo está en presente (speak, see, eat), ya que los auxiliares *did* y *didn't* (*did* not) que se emplean en dichas formas están ya en pasado.

Recuérdese que *did* constituye el pasado de *do* y *does*, en tanto que *didn't* lo es de *don't* y *doesn't*.

Infinitivo	Pasado Afirmativo	Pasado interrogativo	Pasado Negativo
To *speak*	SPOKE (spóuc)	*Did* (someone)[1] *speak?*	*Did* not *speak*
to *see*	SAW (so)	*did* (someone) *see?*	*did* not *see*
to.*eat*	ATE (eit)	*did* (someone) *eat?*	*did* not *eat*
to drink	DRANK (dranc)	*did* (someone) *drink*	*did* not *drink*
to *go*	WENT (uént)	*did* (someone) *go?*	*did* not *go*
to *come*	CAME (kéim)	*did* (someone) *come?*	*did* not *come*
to *get*	GOT (got)	*did* (someone) *get?*	*did* not *get*
to *buy*	BOUGHT (bot)	*did* (someone) *buy?*	*did* not *buy*
to *tell*	TOLD (tóuld)	*did* (someone) *tell?*	*did* not *tell*
to *leave*	LEFT (left)	*did* (someone) *leave?*	*did* not *leave*
to *hear*	HEARD (jerd)	*did* (someone) *hear?*	*did* not *hear*
to *know*	KNEW (niú)	*did* (someone) *know?*	*did* not *know*
to *sleep*	SLEPT (slépt)	*did* (someone) *sleep?*	*did* not *sleep*
to *have*	HAD (jad)	*did* (someone) *have?*	*did* not *have*
to *do*	DID (did)	*did* (someone) *do?*	*did* not *do*
to *read*	READ (red)	*did* (someone) *read?*	*did* not *read*
to *write*	WROTE (róut)	*did* (someone) *write?*	*did* not *write*
to *give*	GAVE (guéiv)	*did* (someone) *give?*	*did* not *give*
to *bring*	BROUGHT (brot)	*did* (someone) *bring?*	*did* not *bring*
to *take*	TOOK (tuc)	*did* (someone) *take?*	*did* not *take*
to *find*	FOUND (fáund)	*did* (someone) *find?*	*did* not *find*
to *be*	{ *was* / *were*	{ *was* (I, he, she, it)? / *were* (we, you, they)?	{ *was* not / *were* not
can	*could*	*could* (someone)?	*could* not

[1] Aquí *someone* (alguien) hace las veces de cualquier sujeto o persona (*I, you, he, she, it, me, you, they*), por lo tanto usted puede reemplazarlo por cualquiera de ellos.

He aquí los verbos irregulares más frecuentemente empleados en la conversación cotidiana. Obsérvelos agrupados mnemotécnicamente para facilitar una más rápida asimilación. Advierta también la identidad en letras, así como la *"rima verbal"* que impera en cada uno de los distintos grupos. Por ejemplo: *bought, brought, thought, sought* y *fought* donde predomina el sonido *"ot"*.

Infinitivos		Pasado		Traducción de ambas formas
To buy	(tu bai)	BOUGHT	(bot)	comprar-compró
to bring	(tu bring)	BROUGHT	(brot)	traer-trajo
to think	(tu zinc)	THOUGHT	(zot)	pensar-pensó
to seek	(tu siic)	SOUGHT	(sot)	buscar-buscó
to fight	(tu fait)	FOUGHT	(fot)	pelear-peleó
to speak	(tuspíc)	SPOKE	(spóuc)	hablar-habló
to break	(tu bréic)	BROKE	(bróuc)	romper-rompió
to steal	(tustíil)	STOLE	(stóul)	robar-robó
to choose	(tu chus)	CHOSE	(chóus)	escoger-escogió
to write	(tu ráit)	WROTE	(róut)	escribir-escribió
to drive	(tu dráiv)	DROVE	(dróuv)	manejar-manejó
to ride	(tu raid)	RODE	(róud)	montar-montó
to sleep	(tu slíip)	SLEPT	(slépt)	dormir-durmió
to keep	(tu kíip)	KEPT	(képt)	guardar-guardó
to sweep	(tu suíip)	SWEPT	(suépt)	barrer-barrió
to feel	(tu fíil)	FELT	(felt)	sentir-sintió
to leave	(tu líiv)	LEFT	(left)	salir-salió
to meet	(tu míit)	MET	(met)	encontrarse-se encontró
to drink	(tu drinc)	DRANK	(dranc)	beber-bebió
to begin	(tu biguín)	BEGAN	(bigán)	empezar-empezó
to swim	(tu suím)	SWAM	(suám)	nadar-nadó
to sing	(tu sing)	SANG	(sang)	cantar-cantó
to ring	(tu ring)	RANG	(rang)	tocar-tocó (timbre o [campana
to run	(tu ron)	RAN	(ran)	correr-corrió
to sit	(tu sit)	SAT	(sat)	sentarse-se sentó
to know	(tu nóu)	KNEW	(niú)	conocer, saber-conoció [o supo
to grow	(tu gróu)	GREW	(grú)	crecer-creció
to throw	(tu zróu	THREW	(zrú)	arrojar-arrojó
to blow	(tu blóu)	BLEW	(blú)	soplar-sopló
to fly	(tu flai)	FLEW	(flú)	volar-voló
to send	(tu send)	SENT	(sent)	enviar-envió
to spend	(tuspénd)	SPENT	(spent)	gastar-gastó (tiempo o [dinero)

Infinitivos		Pasado		Traducción de ambas formas
to give	(tu guiv)	GAVE	(guéiv)	dar-dió
to forgive	(tu forguív)	FORGAVE	(forguéiv)	perdonar-perdonó
to forbid	(tu forbíd)	FORBADE	(forbéid)	prohibir-prohibió
to get	(tu guet)	GOT	(got)	conseguir-consiguió
to forget	(tu forguét)	FORGOT	(forgót)	olvidar-olvidó
to tell	(tu tel)	TOLD	(tóuld)	decir-dijo
to sell	(tu sel)	SOLD	(sóuld)	vender-vendió
to wear	(tu uear)	WORE	(uor)	usar-usó (llevar puesto)
to tear	(tu téar)	TORE	(tor)	(rasgar-rasgó
to stand	(tustánd)	STOOD	(stúd)	poner de pie-puso de
to understand	(tu onderstand)	UNDER-STOOD	(onderstúd)	[pie) entender-entendió
to teach	(tu tíich)	TAUGHT	(tot)	enseñar-enseñó
to catch	(tu catch)	CAUGHT	(cot)	atrapar-atrapó
to take	(tu téic)	TOOK	(tuc)	tomar-tomó llevar-llevó
to shake	(tu shéic)	SHOOK	(shuc)	agitar-agitó
to wake	(tu uéic)	WOKE	(uóc)	despertar-despertó
to say	(tu sei)	SAID	(sed)	decir-dijo
to pay	(tu pei)	PAID	(péid)	pagar-pagó
to hang	(tu jang)	HUNG	(jong)	colgar-colgó
to swing	(tu suíng)	SWUNG	(suóng)	balancear-balanceó
to hold	(tu jóuld)	HELD	(jeld)	sostener-sostuvo
to fall	(tu fol)	FELL	(fel)	caer-cayó
to win	(tu uín)	WON	(uón)	ganar-ganó (competen
to shine	(tu sháin)	SHONE	(shon)	brillar-brilló cia)
to come	(tu com)	CAME	(kéim)	venir-vino
to become	(tu bicóm)	BECAME	(bikéim)	llegar a ser-llegó a ser
to eat	(tu íit)	ATE	(eit)	comer-comió
to find	(tu fáind)	FOUND	(fáund)	encontrar-encontró
to lose	(tu lus)	LOST	(lost)	perder-perdió

Infinitivos		Pasado		Traducción de ambas formas
to have	(tu jav)	HAD	(jad)	tener, haber-tuvo, hubo
to make	(tu méic)	MADE	(méid)	manufacturar-manufacturó
to do	(tu du)	DID	(did)	hacer-hizo
to see	(tu síi)	SAW	(so)	ver-vio
to put	(tu put)	PUT	(put)	poner-puso
to let	(tu let)	LET	(let)	permitir-permitió dejar-dejó
to set	(tu set)	SET	(set)	fijar-fijó
to cost	(tu cost)	COST	(cost)	costar-costó
to cut	(tu cot)	CUT	(cot)	cortar-cortó
to quit	(tu cuít)	QUIT	(cuít)	renunciar-renunció
to hurt	(tu jert)	HURT	(jert)	lesionar-lesionó

EJERCICIOS

Cambie las siguientes oraciones al Pasado.

1 Susan *writes* letters to her parents
2 My brother *goes* to the University of Mexico
3 Mother *buys* many things downtown
4 Father *eats* supper early
5 He *comes* home at night
6 Frank *reads* the newspaper in the morning
7 She *speaks* to us in English
8 I *leave* the house early in the morning
9 I *get* to the office on time
10 They *drink* coffee in the morning
11 They *see* me at school
12 Mary *knows* how to type very quickly
13 Henry *knows* many people in New York
14 He *meets* his friends at the club
15 I *think* it is raining
16 Father *gives* us money for Christmas
17 He *brings* many presents for all of us too
18 Mother *takes* us to the movies
19 I *have* coffee and cake in the morning
20 We *find* New York very interesting
21 He *keeps* the money in this pocket
22 Mother *tells* us stories before going to bed
23 He *says* "Good morning" to us
24 I *sleep* at home
25 They *send* me a package at home
26 He *does* his work very well
27 The engineer *makes* houses and buildings
28 *I spend* my vacations on my father's ranch
29 They *spend* too much money shopping
30 My brother *drives* his car to go to the office
31 I *ride* in the bus in order to go to work
32 The boy *feels* hungry in the morning
33 We understand the English conversation
34 I *sit* down during the English class
35 We *stand* up before the Mexican flag
36 She *cuts* the cake after dinner
37 After school Henry *puts* his book into the desk
38 They *are* teachers at Columbia University
39 We *can* see Central Park from the top of the Empire State Building
40 My brother *is* in Cuba.

EJERCICIOS

Lea en voz alta y traduzca estas oraciones, después cámbiela al Pasado Interrogativo y Negativo. Ejemplos:

He *did* his work yesterday   (él hizo tu trabajo ayer)
Pasado Neg. He *did*n't *do* his work yesterday
Pasado Int. *Did* he *do* his work yesterday?

He *could* see the Parade yesterday (él pudo ver el des-
Pasado Int. *Could* he see the Parade yesterday?   [file de ayer)
Pasado Neg. He *couldn't* see the Parade yesterday.

1 He *spoke* to us yesterday morning
2 They *saw* Mary in the theater last night
3 I *ate* chicken salad yesterday
4 We *had* coflee and cake last night
5 My father *bought* many presents last Christmas
6 My brother *got* another job last month
7 Mary *wrote* a letter to her family last week
8 You *read* the newspaper last night
9 The men *heard* the explosion yesterday
10 I *left* my book on the table
11 Frank *left* the office early yesterday afternoon
12 She *left* for New York last night
13 They *slept* in a hotel yesterday
14 He *felt* tired last night
15 You *kept* your money in the bank last year
16 She *kept* the food hot yesterday
17 We *met* Mr. Brown three years ago
18 The woman *swept* the floor yesterday
19 The girls *knew* Paris last Summer
20 I *knew* the truth
21 John *drank* a glass of milk last night
22 She *told* me to come here
23 I *gave* you five dollars for the book
24 She *forgot* to call me up
25 He *spent* twenty dollars last Sunday
26 They *spent* two weeks in the country last year
27 You *sent* me a message yesterday
28 The *girl* said: Hello!
29 Robert *found* a wallet on the street
30 The boy *lost* his pencil yesterday
31 Mother *cut* the cake last night
32 Henry *broke* his leg last month
33 Alice *took* a taxi five minutes ago
34 The children *brought* flowers to their mother

35 You *thought* it was raining
36 You *chose* a nice color
37 Frank *hurt* his hand playing ball
38 He *put* his hand on my shoulder
39 They *threw* papers on the floor
40 The wind *blew* very hard yesterday
41 My father *flew* to Chicago last week
42 My brother *drove* the car last night
43 We *rode* in a bus yesterday morning
44 They *stole* money from the store
45 He *sought* information at the office
46 The girl *set* the table yesterday
47 They *stood* at the door
48 He *understood* the lesson yesterday
49 Two gentlemen *were* here yesterday
50 The boy *rose* early last morning
51 John *quit* his job last week
52 Mr. Taylor *forbade* the students to go out last night
53 Mother *forgave* my faults (faltas, errores)
54 Mary *fell* down yesterday
55 The boy *held* the books under his arm.

EMPLEO DE LA FORMA *USED TO*

El Pretérito Imperfecto de todos los verbos, excluyendo a *can* (poder), y *must* (deber) se construye en inglés con la forma *USED TO* (solía o acostumbraba) seguida de un verbo en su forma original o simple. Ejemplos:

Yo vivía =	I	*USED TO* live
Él jugaba =	He	*USED TO* play
Nosotros comíamos =	We	*USED TO* eat
Ellos trabajaban =	They	*USED TO* work
Ustedes venían =	You	*USED TO* come

Como fácilmente puede apreciarse esta forma expresa *hábito en el Pasado,* no debiendo confundirse con el Pretérito Indefinido: Yo viví (I lived), él jugó (he played), nosotros comimos (we ate), etc., que denota un pasado menos remoto:

Yo vine aquí el año pasado = I *came* here last year

USED TO se emplea con todas las personas. Veamos la condensación de lo anterior de manera esquemáticamente digerida.

I
You

He
She   } *USED TO* { go
             travel

We
You
They   buy
                etc.

Utilízase también dicha forma con el pronombre impersonal *it*:
It *used to* rain = Llovía o solía llover

DIDN'T *USE TO* constituye su forma negativa, ejemplos:

I didn't *USE TO* play	(Yo no jugaba o no solía jugar)
You didn't *USE TO* study	(Tú no estudiabas o no solías es-[tudiar)
He didn't *USE TO* read	(Él no leía o no solía leer)

Observe la formación del afirmativo, negativo e interrogativo del auxiliar *USED* TO (iúst to).

Advierta, asimismo, la *D* de *use*d *to* sólo en la forma afirmativa, ya que tanto el negativo e interrogativo carecen de dicha consonante, puesto que *didn't* y *DID* ya implican tiempo *pasado*.

They	USED TO	play	base-ball
He	USED TO	practice	sports
You	USED TO	come	here often

Ellos jugaban (o acostumbraban jugar) beisbol
Él practicaba (o acostumbraba practicar) los deportes
Usted venía (o acostumbraba venir) aquí a menudo.

They	*did*n't	*USE* TO	play	base-ball
He	*did*n't	*USE* TO	practice	sports
You	*did*n't	*USE* TO	come	here often

Did	they	*USE* TO	play	base-ball?
Did	he	*USE* TO	practice	sports?
Did	you	*USE* TO	come	here often?

NOTA: Para expresar *hábito* en el Presente, empléase el verbo principal en su forma original o simple:

I *work* every day

I *have* coffee every morning

I *go* to the movies every week

EJERCICIOS

Cambie a la forma *USED TO* las siguientes oraciones. Ejemplo:

> I walk in the park every Sunday
> I *used* to walk in the park every Sunday
>
> Frank is my friend
> Frank *used to* be my friend

1 I walk in the park every Sunday

2 We eat chicken every Sunday

3 I live on Clark Street

4 I go to the beach during the Summer

5 They come here during their vacations

6 The boys play base-ball after school

7 He sees Mary very often

8 My sister studies in Canada

9 I work in Mexico City

10 Frank is my friend

11 My house is beautiful

12 Father buys clothes for us every Christmas

13 I talk with my friends at the club

14 I visit my relatives every year

15 We read the newspaper every morning

16 They travel to Florida every Summer

17 He dances at the night-club every Saturday night

18 She has a big house in the country

19 My parents write me every week

20 We practice basket-ball in school

EL AUXILIAR *MUST*

MUST (most) pertenece a los auxiliares de *DEBER*. Siendo dicho auxiliar el más fuerte en virtud de que implica una obligación moral ineludible, ejemplo:

We *MUST* love God (Debemos amar a Dios)

Lo mismo que *can* y *may*, también es defectivo constando sólo de una forma *(must)* y careciendo, por consiguiente, de todas las demás.

(única forma: presente)

I	*MUST* =	yo debo
You	*MUST* =	usted debe
He	*MUST* =	Él debe
She	*MUST* =	Ella debe
It	*MUST* =	Ello debe (impersonal)
We	*MUST* =	Nosotros debemos
You	*MUST* =	ustedes deben
They	*MUST* =	Ellos(as) deben

Además *nunca* debe emplearse la partícula *to* inmediatamente después de *MUST*, ejemplos:

You *MUST*	*respect*	the law	(1)
	honor	your parents	(2)
	obey	orders	(3)
	defend	your country	(4)
	protect	your children	(5)
	tell	the truth	(6)

Traducción

1 Usted debe respetar la ley
2. Usted debe honrar a sus padres
3 Usted debe obedecer las órdenes
4. Usted debe defender su patria
5. Usted debe proteger a sus hijos
6. Usted debe decir la verdad.

La partícula NOT después de *MUST* constituye su forma negativa, tal como ocurre igualmente en los demás auxiliares: *do not, does not, is not, are not, was not, were not, can not, could not, will not, may not,* etc. Ejemplo:

You *must* NOT go to that place = Usted no debe ir a ese lugar.

La contracción de *must* NOT es *must*N'T (pronúnciese *mósent*). Ejemplo:

You *must*N'T talk with him — Usted no debe platicar con él

Conforme a lo expuesto en los dos últimos ejemplos, nótese que esta forma negativa implica tácitamente una prohibición.

Veamos a continuación algunos ejemplos ilustrativos en forma esquemática, para una mejor comprensión de *must*n't.

You *MUSTN'T*		
steal	anything	(1)
kill	anybody	(2)
lie	to anyone	(3)
deceive	anybody	(4)
disobey	orders	(5)
tell	lies	(6)
deny	the truth	(7)
conceal	your feelings	(8)

Traducción

1. Usted no debe robar nada

2. Usted no debe matar a nadie

3. Usted no debe mentir a ninguno

4. Usted no debe engañar a nadie

5. Usted no debe desobedecer las órdenes

6. Usted no debe contar mentiras

7. Usted no debe negar la verdad

8. Usted no debe ocultar sus sentimientos

Al igual que todos los verbos auxiliares, *MUST* es además auxiliar de sí mismo. De lo cual se desprende que para construir su forma interrogativa no requiere de ningún otro, tan sólo basta *anteponer MUST* al sujeto que se emple, ejemplos:

MUST I ....?	(¿Debo yo ....?
MUST Frank ....?	(¿Debe Francisco ....?
MUST my sister ....?	(¿Debe mi hermana ......?
MUST they ....?	(¿Deben ellos ....?

Recuérdese, por medio de este diagrama esquemático, la posición invariable de la forma interrogativa en general, aunque en este caso se haga destacar a *MUST* únicamente.

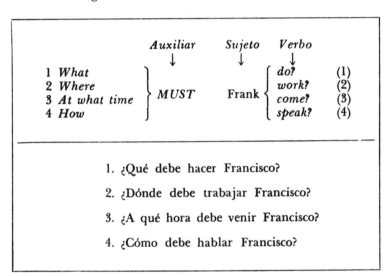

	Auxiliar	Sujeto	Verbo	
1 *What*	↓	↓	↓	
2 *Where*			*do?*	(1)
3 *At what time*	*MUST*	Frank	*work?*	(2)
4 *How*			*come?*	(3)
			speak?	(4)

1. ¿Qué debe hacer Francisco?

2. ¿Dónde debe trabajar Francisco?

3. ¿A qué hora debe venir Francisco?

4. ¿Cómo debe hablar Francisco?

Por otra parte *MUST* también suele expresar *inferencia,* es decir, en los casos donde no denota *deber moral,* implica entonces una mera *suposición* o *hipótesis,* ejemplos:

That man *MUST* be very rich
(Ese hombre debe ser muy rico)

That girl *MUST* be very intelligent
(Esa muchacha debe ser muy inteligente)

His grand-father *MUST* be very old
(Su abuelo (de él) debe ser muy viejo)

Veamos a continuación más ejemplos esquemáticamente ilustrados empleando el pronombre neutro *IT* y en los que *MUST* expresa *inferencia.*

It *MUST* be	very expensive	(1)
	very cheap	(2)
	very good	(3)
	very bad	(4)
	very hot	(5)
	very cold	(6)

1 Debe ser muy caro
2 Debe ser muy barato
3 Debe ser muy bueno
4 Debe ser muy malo
5 Debe ser muy caliente
   (debe hacer mucho calor)
6 Debe ser muy frío
   (debe hacer mucho frío)

SOME NEW WORDS

SOMETHING (sómzing) = algo, alguna cosa (al preguntar o afir-
[mar)
   Can you do *something?* = ¿Puede usted hacer algo?
   I must do *something* = Yo debo hacer algo

ANYTHING (énizing) = { algo, alguna cosa (al preguntar)
                              { nada (cuando le antecede una
                                forma verbal negativa)
   Do you want *anything?* = ¿Quiere usted alguna cosa?
   He can't do *anything* = Él no puede hacer nada

NOTHING[1] (nózing) = nada (cuando le antecede una forma
                                [verbal en afirmativo)
   I know *nothing* = Yo no sé nada
   He can do *nothing* = Él no puede hacer nada

[1] Recuerde que en inglés no se debe emplear una doble negación en una misma oración. Ejemplos:

      I know *nothing* = I don't know *anything*
   You must see *no-one* = You mustn't see *any-one*
I want to speak to *no-one* = I don't want to speak to *any-one*

SOMEBODY (sombodi)⎱ alguien o alguna persona (al preguntar
SOME-ONE (som-uan)⎰ o afirmar)

      Is *somebody* here? = ¿Está alguien aquí?
   Was *some-one* in the house? = ¿Estaba alguien en la casa?

   I must talk with *somebody* = Yo debo platicar con alguien
     I'll see *some-one* there = Veré a alguien ahí

ANYBODY (énibodi) alguien o alguna persona (al preguntar)
ANY-ONE (éni-uan) ninguno, nadie (si es precedido de un auxi-
                       [liar negativo)

     Was *anybody* working here last night? =
     ¿Estuvo alguien trabajando aquí anoche?

       Does *any-one* like chocolate? =
       ¿Le gusta a alguien el chocolate?

  You must not see *anybody* = Usted no debe ver a nadie
You must not speak to *any-one* = Usted no debe hablar a nadie

NOBODY (nóubodi)⎱ nadie, ninguna persona (precedido siem-
NO-ONE (nou-uan)⎰ pre en una forma verbal en afirmativo)

He likes to live with *nobody* = A él no le gusta vivir con nadie
   I want to see *no-one* = Yo no quiero ver a nadie

VOCABULARIO

God	(god)	= Dios
parents	(párents)	= padres
truth[1]	(truz)	= verdad
true	(tru)	= verdadero
law	(lo)	= ley
lawyer	(lóier)	= abogado
orders	(órders)	= órdenes, pedidos
country	(cóntri)	= patria, país; campo
lies	(láis)	= mentiras
feelings	(fíilings)	= sentimientos

[1] Recuerde que la TH tiene un sonido equivalente a la z
como se pronuncia en España.

VERBOS EN INFINITIVO

To love	(tu lov)	= amar
to respect	(tu rispéct)	= respetar
to honor	(tu ónor)	= honrar
to obey	(tu obéi)	= obedecer
to disobey	(tu disobéi)	= desobedecer
to defend	(tu difénd)	= defender
to protect	(tu protéct)	= proteger
to steal	(tu stíil)	= robar
to kill	(tu kil)	= matar
to lie	(tu lai)	= mentir
to deceive	(tu disíiv)	= engañar
to deny	(tu dinái)	= negar
to conceal	(tu consíil)	= ocultar

REPASANDO ALGUNOS AUXILIARES EN LAS FORMAS INTERROGATIVA Y AFIRMATIVA

Observe el uso de las palabras interrogativas *what, how, how much*, etc., en la comparación de los auxiliares *do* y *does*, así como la respuesta a dichas preguntas.

Lea estas oraciones en voz alta.

What	*DO*	you	*do*	every day?	I	*do*	my work
What	*DOES*	Mary	*do*	every day?	She	*does*	her work
How	*DO*	they	*come*	every week?	They	*come*	by bus
How	*DOES*	Frank	*come*	every week?	He	*comes*	by car
How much	*DOES*	Mary	*buy*	every month?	She	*buys*	12 dozen
How much	*DO*	I	*buy*	every month?	You	*buy*	6 dozen
How long	*DO*	they	*work*	daily?	They	*work*	8 hours
How long	*DOES*	he	*work*	daily?	He	*works*	10 hours
When	*DOES*	he	*leave?*		He	*leaves*	daily
When	*DO*	we	*leave?*		We	*leave*	daily
Where	*DOES*	Frank	*go*	every night?	Frank	*goes*	to the movies
Where	*DO*	you	*go*	every night?	I	*go*	home

EJERCICIOS

Cambie las respuestas a la forma negativa, ejemplos:

I *don't do* my work (Yo no hago mi trabajo)

She *doesn't do* her work (Ella no hace su trabajo)

They *don't come* by bus (Ellos no vienen en autobús)

Observe el empleo del auxiliar *did* en el Pasado interrogativo junto con las palabras interrogativas *what, how, how much,* etc. Advierta, asimismo, el verbo en su forma de *pasado* solamente en las respuestas afirmativas: *went, came, left,* etc., en tanto que en las preguntas el verbo principal está en su forma original o simple.

Lea estas oraciones en voz alta.

What	*DID* you	*do*	yesterday?	I	*DID*	my work
What	*DID* Mary	*do*	yesterday?	She	*DID*	her work
How	*DID* they	*come*	last week?	They	*CAME*	by bus
How	*DID* Frank	*come*	last week?	He	*CAME*	by car
How much	*DID* Mary	*buy*	last month?	She	*BOUGHT*	12 dozen
How much	*DID* I	*buy*	last month?	I	*BOUGHT*	6 dozen
How long	*DID* they	*work*	yesterday?	They	*WORKED*	8 hours
How long	*DID* he	*work*	yesterday?	He	*WORKED*	12 hours
When	*DID* he	*leave?*		He	*LEFT*	yesterday
When	*DID* we	*leave?*		We	*LEFT*	yesterday
Where	*DID* Frank	*go*	last night?	He	*WENT*	to the movies
Where	*DID* you	*go*	last night?	I	*WENT*	home

EJERCICIOS

Cambie las respuestas a la forma negativa, ejemplos:

I *didn't* do my work   (Yo no hice mi trabajo)

She *didn't* do her work   (Ella no hizo su trabajo)

I *didn't* go home   (Yo no fui a casa)

Observe el uso del auxiliar *will* en el Futuro Interrogativo junto con las palabras *what, how, how much*, etc. En el Futuro afirmativo adviértase las formas contraídas de *will*.

Lea las siguientes oraciones en voz alta.

What	*WILL* you	*do*	tomorrow?	I *WILL*	*do*	my work	
What	*WILL* Mary	*do*	tomorrow?	She'*LL*	*do*	her work	
How	*WILL* they	*come* next week?		They'*LL*	*come* by bus		
How	*WILL* Frank	*come* next week?		He'*LL*	*come* by car		
How much	*WILL* she	*buy*	next month?	She'*LL*	*buy*	12 dozen	
How much	*WILL* I	*buy*	next month?	You'*LL*	*buy*	6 dozen	
How long	*WILL* they	*work*	tomorrow?	They'*LL*	*work*	8 hours	
How long	*WILL* he	*work*	tomorrow?	He'*LL*	*work*	10 hours	
When	*WILL* he	*leave?*		He'*LL*	*leave* now		
When	*WILL* we	*leave?*		We'*LL*	*leave* now		
Where	*WILL* Frank	*go*	tonight?	He'*LL*	*go*	to the movies	
Where	*WILL* you	*go*	tonight?	I'*LL*	*go*	home	

EJERCICIOS

Cambie las respuestas a la forma negativa, empleando la contracción de *will* not: *WON'T*, ejemplos:

I *wo*n't *do* my work   (Yo no haré mi trabajo)

She *wo*n't *do* her work   (Ella no hará su trabajo)

They *wo*n't *come* by bus   (Ellos no vendrán en autobús)

Observe el uso del auxiliar *MUST* para expresar *necesidad* o
"tener que". Note, asimismo, el empleo de las palabras, *what, how,
how much,* etc., en las preguntas y la forma verbal en ambos cuadros (do, come, buy, etc.) sin la partícula *to*.

Lea las siguientes oraciones en voz alta.

What	*MUST* you	*do*	every day?	I	*MUST*	*do*	my work
What	*MUST* Mary	*do*	every day?	She	*MUST*	*do*	her work
How	*MUST* they	*come* now?		They	*MUST*	*come*	by bus
How	*MUST* Frank	*come* now?		He	*MUST*	*come*	by car
How much	*MUST* Mary	*buy*	today?	She	*MUST*	*buy*	12 dozen
How much	*MUST* I	*buy*	today?	You	*MUST*	*buy*	6 dozen
How long	*MUST* they	*work*	every day?	They	*MUST*	*work*	8 hours
How long	*MUST* he	*work*	every day?	He	*MUST*	*work*	8 hours
When	*MUST* he	*leave?*		He	*MUST*	*leave*	today
When	*MUST* we	*leave?*		We	*MUST*	*leave*	today
Where	*MUST* Frank	*go*	now?	He	*MUST*	*go*	to school
Where	*MUST* you	*go*	now?	I	*MUST*	*go*	home

EJERCICIOS

Cambie las respuestas a la forma negativa empleando la contracción de *must* not: *MUSTN'T*, ejemplos:

I *must*n't *do* my work (Yo no debo hacer mi trabajo)

She *must*n't *do* her work (Ella no debe hacer su trabajo)

They *must*n't *come* by bus (Ellos no deben venir en autobús)

EJERCICIOS

I. Repasando las expresiones de tiempo y aprendiendo algunas nuevas.

II. Practíquelas cambiando las siguientes oraciones a las formas negativa e interrogativa. Use contracciones en el negativo.

NOW (ahora)
    I am reading now

LATER (más tarde)
    She will be in her house later

TODAY (hoy)
    It is hot today

TONIGHT (esta noche)
    It will be cold tonight

TOMORROW (mañana)
    I will be here tomorrow

TOMORROW MORNING (mañana por la mañana)
    He'll be in Acapulco tomorrow morning

TOMORROW AFTERNOON (mañana por la tarde)
    It'll be windy tomorrow afternoon

TOMORROW NIGHT (mañana por la noche)
    It'll be cool tomorrow night

DAY AFTER TOMORROW (pasado mañana)
    We'll be back day after tomorrow

YESTERDAY (ayer)
    They were here yesterday

DAY BEFORE YESTERDAY (antier, anteayer)
    I was here day before yesterday

LAST NIGHT (anoche)
    He was at home last night

LAST SUNDAY (el domingo pasado)
    You were playing base-ball last Sunday

LAST WEEK (la semana pasada)
    She was working last week

LAST MONTH (el mes pasado)
    He was resting last month

LAST YEAR (el año pasado)
They were learning English last year

LAST CHRISTMAS (las Navidades pasadas)
It was snowy last Christmas

LAST WINTER (el invierno pasado)
It was snowing last Winter

LAST SEPTEMBER (el pasado septiembre)
It was raining last September

LAST TIME (la última vez)
It was windy last time

NEXT WEEK (la semana próxima)
I'll go to Chicago next week

NEXT MONTH (el mes próximo)
She'll come here next month

NEXT YEAR (el año próximo)
They'll be back next year

NEXT CHRISTMAS (las próximas Navidades)
We'll buy many presents next Christmas

NEXT FALL (el próximo otoño)
He'll marry next fall

NEXT TIME (la próxima vez)
You'll do your work next time

BEFORE (antes)
He thinks before talking

AFTER (después)
He rests after working

FORMA EQUIVALENTE A *MUST* Y EMPLEO DE *SHOULD* Y *OUGHT* TO

Estos dos auxiliares (*should* y *ought* to) en unión de *MUST* constituyen el triángulo que expresa *deber*.

Como se recordará, *must* implica la más fuerte obligación moral denotando asimismo *necesidad* o *inferencia* y su traducción al español corresponde a "TENER QUE", "DEBER".
De ahí que:

$$MUST = \text{TO HAVE } TO$$

Veámoslo ahora complementado con *"go home"* (ir a casa) en algunos ejemplos ilustrativos:

I *MUST* go home = I	HAVE *TO* go home
You *MUST* go home = You	HAVE *TO* go home
He *MUST* go home = He	HAS *TO* go home
She *MUST* go home = She	HAS *TO* go home
It *MUST* go home = It	HAS *TO* go home
We *MUST* go home = We	HAVE *TO* go home
You *MUST* go home = You	HAVE *TO* go home
They *MUST* go home = They	HAVE *TO* go home

Estas formas sinónimas en negativo serían:

I *MUSTN'T* go home = I	*DON'T* HAVE *TO* go home
He *MUSTN'T* go home = He	*DOESN'T* HAVE *TO* go home

Y en el interrogativo:

MUST I	go home? =	*DO* I	HAVE *TO* go home?
MUST he	go home? = *DOES* he	HAVE *TO* go home?

SHOULD y *OUGHT TO* son menos fuertes que *MUST* cuando se trata de comparar el grado de intensidad en lo referente a obligación.

El auxiliar *OUGHT TO* (pronúnciese *ot*) expresa más bien *conveniencia* que deber moral, pudiendo equivaler en castellano a "ES CONVENIENTE QUE", "DEBIERA" o "DEBERÍA".

Destácase además el empleo de la partícula *to* después de *ought*, ejemplos:

You *OUGHT TO* learn English = A usted le conviene aprender
[inglés o usted debiera (o debería) aprender
[inglés

You *OUGHT TO* go to the United States = Usted debiera o (de-
[bería ir a los Estados Unidos

You *OUGHT TO* buy that book = Usted debiera comprar ese
[libro

You *OUGHT TO* see that picture = Usted debería ver esa pe-
[lícula.

Para formar el negativo empléase la partícula NOT inmediatamente después de dicho auxiliar, ejemplos:

You *ought* NOT *to* do that = Usted no debiera hacer eso

He *ought* NOT *to* smoke so much = Él no debiera fumar tanto

We *ought* NOT *to* speak Spanish = No debiéramos hablar español en la clase de inglés.
 in English class

Generalmente no se emplea *OUGHT TO* en la forma interrogativa.

El auxiliar *SHOULD* (pronúnciese *shud*) implica *deber,* pero no de índole moral, denotando más bien *recomendación* o *consejo.* Puede expresar, asimismo, *requisito* a llenar, equivaliendo en español a "DEBE" o "DEBERÍA".

He aquí algunas oraciones en esta gráfica en la cual *should* encierra un *requisito.*

Everybody	*SHOULD*	*have*	his credential
Everybody	*SHOULD*	*write*	the examination with ink
Everybody	*SHOULD*	*tell*	his name and address
Everybody	*SHOULD*	*practice*	next week
Everybody	*SHOULD*	*bring*	a note-book

Traducción

Todos deben tener su credencial
Todos deben escribir el examen con tinta
Todos deben decir su nombre y dirección
Todos deben practicar la semana próxima
Todos deben traer un libro de apuntes

Ahora veamos otros ejemplos en los que este auxiliar exprese una mera *recomendación, consejo* o *sugerencia.*

Every woman	*SHOULD*	*Marry*	young
Students	*SHOULD*	*practice*	English
You	*SHOULD*	*read*	the instructions
We	*SHOULD*	*eat*	more fruit
Everybody	*SHOULD*	*drive*	carefully

Traducción

Todas las mujeres (cada mujer) deberían casarse jóvenes
Los estudiantes deben practicar inglés
Usted debe (debería) leer las instrucciones
Deberíamos comer más fruta
Todos deberían manejar cuidadosamente

Como en los demás auxiliares, empléase NOT después de *should* para formar el negativo y cuya contracción es *SHOULDN'T*.

He aquí algunos ejemplos ilustrativos de la forma negativa:

You	SHOULDN'T	*drive*	too fast
The children	SHOULDN'T	*run*	after dinner
He	SHOULDN'T	*work*	at night
You	SHOULDN'T	*talk*	in class
The girl	SHOULDN'T	*study*	so late

Traducción

Usted no debería manejar tan rápido
Los niños no deberían correr después de la comida
Él no debería trabajar de noche
Ustedes no deberían platicar en la clase
La muchacha no debería estudiar tan tarde

La construcción del interrogativo de este auxiliar sigue la misma pauta de *must, can,* etc.; es decir, se invierte la posición del auxiliar con respecto al sujeto.

Observe en esta gráfica la posición de *should* en la forma interrogativa empleando además las palabras *what, where,* etc.

What	SHOULD	I	*do?*
Where	SHOULD	I	*go?*
When	SHOULD	I	*come?*
How much	SHOULD	I	*buy?*
How long	SHOULD	I	*stay?*
How	SHOULD	I	*speak?*

Traducción

¿Qué debo (o debería) hacer yo?
¿Dónde debo (o debería) ir yo?
¿Cuándo debo (o debería) venir yo?
¿Cuánto debo (o debería) comprar?
¿Cuánto tiempo debo (o debería) quedarme?
¿Cómo debo (o debería) hablar?

En el inglés clásico y muy literario se usa también *SHOULD* para la forma condicional en las primeras personas (I y we), en lugar de *WOULD*. Lo mismo podríase agregar con respecto a *SHALL* y *WILL*. Ejemplos:

Forma de lenguaje clásico			Forma de lenguaje cotidiano			Traducción de ambas formas
I	*should*	like	I	*would*	like	(me gustaría
We	*should*	like	We	*would*	like	(nos gustaría)
I	*shall*	go	I	*will*	go	(iré)
We	*shall*	go	We	*will*	go	(iremos)

EMPLEO DEL AUXILIAR MAY

MAY (pronúnciese *mei*) es también un verbo defectivo, es decir, solamente consta de dos formas: la que expresa una *posibilidad en presente* MAY (es posible que) y la que denota una *posibilidad en pasado* MIGHT (podría), careciendo por lo tanto, de participio y demás formas.

MAY expresa, asimismo, *permiso, posibilidad* y *deseo.*

Veamos a continuación una gráfica esquemática para una mejor y más rápida asimilación de dicho auxiliar.

MAY
{
Expresa:
1 *Permiso:*   May I go home?   (¿Puedo irme a casa?)
2 *Posibilidad* I may go home   (Es posible que me vaya a casa)
3 *Deseo:*   May you live long! (¡Que vivas muchos años!)
}

Al igual que *can* (poder), inmediatamente después de **MAY** no se emplea la partícula *"to".*

They *may* come tomorrow   (Es posible que él esté en casa ahora)

He *may* be at home now   (Es posible que vengan mañana)

Tampoco toma S al conjugarse con he, she, it:

He *may* work here   (Es posible que él trabaje aquí)

She *may* walk again   (Es posible que ella camine otra vez)

It *may* rain tonight   (Es posible que llueva esta noche)

La partícula NOT después de **MAY** constituye su forma negativa:

We *may not leave* tomorrow   (Es posible que nosotros no salga-
                            [mos mañana)

I *may not* arrive on time   (Es posible que yo no llegue a
                            [tiempo)

En la forma interrogativa, *MAY* deja de expresar *posibilidad* para pasar a denotar *permiso*:

May I go out?	(¿Puedo salir?)
May I leave early?	(Puedo marcharme temprano?)
May I sit down?	(¿Puedo sentarme?)
May I speak to you?	(¿Puedo hablar con usted?)
May I smoke?	(¿Puedo fumar?)
May I help you?	(¿Puedo ayudarlo a usted?)
May I take you home?	(¿Puedo llevarlo a usted a su casa?)

De acuerdo con lo gráficamente expuesto en el esquema anterior, *MAY* además de indicar *permiso* y *posibilidad,* también suele implicar *deseo*. En este caso *MAY* equivale a lo que en castellano significa *que* cuando éste exprese, por supuesto, deseo:

May God bless you!	(¡Que Dios te bendiga!)
May you live long!	(¡Que vivas muchos años!)
May your days be marry!	(¡Que tus días sean alegres!)
May the New Year bring you health, money and love!	(¡Que el Año Nuevo te traiga salud, dinero y amor!)

Observe la carencia de la partícula *to* después de *MAY* y nótese además que en inglés las formas en *infinitivo speak, walk, read, write, etc.,* corresponden en español al *presente de subjuntivo: hable, camine, lea, escriba,* etc.

Afirmativo			Traducción		
I	*MAY*	speak	*ES POSIBLE*	que yo	hable
You	*MAY*	walk	*ES POSIBLE*	que usted	camine
He	*MAY*	read	*ES POSIBLE*	que él	lea
She	*MAY*	write	*ES POSIBLE*	que ella	escriba
It	*MAY*	rain	*ES POSIBLE*	que (neutro)	llueva
We	*MAY*	swim	*ES POSIBLE*	que nosotros	nademos
You	*MAY*	run	*ES POSIBLE*	que ustedes	corran
They	*MAY*	dance	*ES POSIBLE*	que ellos(as)	bailen
They	*will*	dance	Ellos (as) bailarán		

Obsérvese cómo *MAY* equivale a la traducción en español de *es posible que*. Asimismo, la forma verbal que le sigue a continuación (go, speak, be, etc.) corresponde al presente de subjuntivo en castellano, en tanto que esas mismas formas en inglés están en infinitivo, aunque sin la partícula *"to"*.

I	think	I	*MAY*	go	to New York
I	think	you	*MAY*	speak	English soon
I	think	he	*MAY*	be	at home now
I	think	she	*MAY*	come	here tomorrow
I	think	it	*MAY*	rain	tonight
I	think	we	*MAY*	see	you soon
I	think	you	*MAY*	work	there soon
I	think	you	*MAY*	visit	us next year

Traducción

Creo que es posible que yo vaya a Nueva York
Creo que es posible que usted hable inglés pronto
Creo que es posible que él esté en casa ahora
Creo que es posible que ella venga aquí mañana
Creo que es posible que llueva esta noche
Creo que es posible que los veamos a ustedes pronto
Creo que es posible que ustedes trabajen ahí pronto
Creo que es posible que ustedes nos visiten el año próximo

EJERCICIOS

Haga que alguien le dicte estas oraciones en castellano, para que usted, prescindiendo del libro, las traduzca al inglés por escrito. Seguidamente pase a rectificarlas guiándose por la gráfica anterior.

Como segundo paso, construya oralmente otras oraciones sustituyendo los verbos go, speak, be, come, rain, etc. por: *travel, learn, stay, leave, snow* (nevar), *need, study* y *write,* respectivamente. Después hágalas por escrito y tradúzcalas al español en forma oral.

Ejemplos en que se establecen paralelos entre HABILIDAD
(can), POSIBILIDAD *(may)* y PERMISO *(may)*.

(Habilidad)	I	*CAN*	swim	now	Yo puedo nadar ahora
(Posibilidad)	I	*MAY*	swim	tomorrow	Posiblemente nade mañana
(Permiso)	*MAY*	I	swim	now?	¿Puedo nadar ahora?

(Habilidad)	I	*CAN*	see	him	Yo puedo verlo a él
(Posibilidad)	I	*MAY*	see	him	Posiblemente yo lo vea a él
(Permiso)	*MAY*	I	see	him?	¿Puedo verlo a él?

(Habilidad)	I	*CAN*	speak	to them	Yo puedo hablarles a ellos
(Posibilidad)	I	*MAY*	speak	to them	Posiblemente yo les hable
(Permiso)	*MAY*	I	speak	to them?	¿Puedo hablarles a ellos?

(Habilidad)	I	*CAN*	go	home any time	Yo puedo ir a casa a cual-[quier hora
(Posibilidad)	I	*MAY*	go	home tonight	Posiblemente vaya a casa [esta noche
(Permiso)	*MAY*	I	go	home now ?	¿Puedo irme a casa ahora?

(Habilidad)	He	*CAN*	drive	fast	Él puede manejar rápido
(Posibilidad)	He	*MAY*	drive	slow	Posiblemente él maneje des-[pacio
(Permiso)	*MAY*	he	drive	the car?	¿Puede él manejar el auto?

Es importante hacer notar que al emplearse *MAY* en las formas afirmativa y negativa, también puede expresar *permiso concedido* o *permiso denegado,* cuando se contesta a una pregunta iniciada con *MAY,* ejemplos:

May I go home?	Yes, you *may*
May I smoke?	No, you *may* not

EMPLEO DE *COULD* Y *MIGHT*

De acuerdo con lo asentado en lecciones anteriores *COULD* es la forma en pasado de *CAN*, pero además, también expresa una forma *condicional*. Ejemplos:

Forma en Pasado

Frank	*COULD* not speak	English	last year
I	*COULD* not come here	yesterday	
Nobody	*COULD*	translate	the lesson

Traducción

Francisco no podía hablar inglés el año pasado
No pude venir aquí ayer
Nadie pudo traducir la lección

Forma Condicional

I	*COULD* go		if they invited me
You	*COULD* speak	better	if you tried hard
She	*COULD* come	here	if she wanted to
They	*COULD* learn	more	if they studied
We	*COULD* travel		next Summer

COULD you tell me what time it is?
COULD you tell me where the post-office is?

Traducción

Podría ir si ellos me invitaran
Usted podría hablar mejor si se esforzara
Ella podría venir si quisiera
Ellos podrían aprender más si estudiaran
Podríamos viajar el próximo verano

¿Podría usted decirme qué hora es?
¿Podría usted decirme dónde está la oficina de correos?

Por otra parte *MIGHT* (pronúnciese *mait*) es la forma tanto en pasado como condicional de *MAY* y, al igual que éste, también expresa *permiso* o *posibilidad*.

Veamos a continuación algunos ejemplos ilustrativos.

Denotando Permiso				
Her father	said that	she	*MIGHT*	go
His father	said that	he	*MIGHT*	play
The teacher	said that	we	*MIGHT*	talk
My mother	said that	I	*MIGHT*	go out
The doctor	said that	I	*MIGHT*	get up
He	said that	we	*MIGHT*	smoke

Traducción

Su padre dijo que ella podía (podría) ir
Su padre dijo que él podía (podría) jugar
El maestro dijo que podíamos (podríamos) conversar
Mi madre dijo que yo podía (podría) salir
El médico dijo que yo podía (podría) levantarme
Él dijo que podíamos (podríamos) fumar

Denotando Posibilidad					
I	said	that	I	*MIGHT*	come	tomorrow
He	said	that	he	*MIGHT*	buy	a car
They	said	that	they	*MIGHT*	stay	here
You	said	that	you	*MIGHT*	work	soon
We	said	that	you	*MIGHT*	travel	by bus
I *MIGHT* leave tomorrow, but I am not sure					

Traducción

Yo dije que podría venir mañana
Él dijo que podría comprar un auto
Ellos dijeron que podrían quedarse aquí
Usted dijo que podría trabajar pronto
Nosotros dijimos que podríamos viajar por autobús
Yo podría salir mañana, pero no estoy seguro

EJERCICIOS

Cambie al negativo tanto la forma que expresa *permiso* como la que expresa *posibilidad*, empleando la partícula NOT después de *MIGHT*, ejemplos:

(primera gráfica) His father said that he *might not* go

(segunda gráfica) I said that I *might not* come tomorrow
(Yo dije que podría *no* venir mañana)

EMPLEO DE *WOULD*

WOULD (pronúnciese ud) es la forma en pasado del auxiliar *WILL* y constituye la base de construcción de los tiempos del *condicional* (potencial simple y compuesto): He *would* speak (él hablaría) y He *would have* spoken (él habría hablado).

En el inglés de uso práctico y cotidiano se emplea *WOULD* en todas las personas y con cualquier sujeto. En las formas de lenguaje clásico y muy literario se utiliza *SHOULD* solamente en las primeras personas (I y we) en lugar de *would*: *I should, we should.*

Si *WILL* expresa una acción en futuro, *WOULD* implica una acción futura condicionada, ejemplos:

I *WILL* go to New York next Summer

(Iré a Nueva York el próximo verano)

I *WOULD* go to New York *if* I *could*

(Iría a Nueva York si pudiera)

WOULDN'T (údent) es la contracción de *would not*, ejemplo:

I *WOULDN'T* go there, *if* I *were* you

(Yo no iría ahí si yo fuera usted)

Al auxiliar *would*, lo mismo que a *will*, siempre le sigue un verbo en su forma original (speak, go, come, etc.) para formar el tiempo simple del potencial (conditional simple), ejemplos:

I	*WOULD*	*speak*	(Yo hablaría)
He	*WOULD*	*go*	(Él iría)
They	*WOULD*	*come*	(Ellos vendrían)
We	*WOULD*	*buy*	(Nosotros compraríamos)

He aquí las respuestas a las preguntas iniciadas con *would* en la gráfica anterior.

Observe la forma verbal en pasado después de *if* (were, had, could), que corresponde en español al pasado de subjuntivo.

Note asimismo la palabra *were* (y no *was*) inmediatamente después de *I,* dado que esta forma se refiere al subjuntivo y *was* al indicativo.

I *WOULD visit*	Broadway	*if* I *were*	in New York
I *WOULD buy*	a yacht	*if* I *were*	very rich
I *WOULD travel*	to Florida	*if* I *had*	a car
I *WOULD stay*	two months	*if* I *had*	more time
I *WOULD go*	to Paris	*if* I *had*	more money
I *WOULD* build	a big house	*if* I *could*	do it

Traducción

Yo visitaría Broadway si estuviera en Nueva York

Yo compraría un yate si fuera muy rico

Yo viajaría a Florida si tuviera un auto

Me quedaría dos meses si tuviera más tiempo

Yo iría a París si tuviera más dinero

Yo construiría una casa grande si pudiera hacerlo

Advierta la posición de WILL y WOULD en las preguntas, así como el empleo de las palabras interrogativas *what, where, etc.*

Asimismo note la relación de *would* con *were, had* y *could.*

What	WILL	you	*do*	tomorrow afternoon?
What	WOULD	you	*do*	if you *were* in New York?
What	WILL	you	*buy*	next month?
What	WOULD	you	*buy*	if you *were* very rich?
Where	WILL	you	*travel*	next Summer ?
Where	WOULD	you	*travel*	if you *had* a car?
How long	WILL	you	*stay*	here this Summer?
How long	WOULD	you	*stay*	if you *had* more time?
Where	WILL	you	*go*	during your vacation?
Where	WOULD	you	*go*	if you *had* more money?
How	WILL	you	*build*	the house next year?
How	WOULD	you	*build* it	if you *could* do it?

Traducción

¿Qué hará usted mañana por la tarde?
¿Qué haría usted si estuviera en Nueva York?

¿Qué comprará usted el mes próximo?
¿Qué compraría usted si fuera muy rico?

¿Dónde viajará usted el próximo verano?
¿Dónde viajaría usted si tuviera un auto?

¿Cuánto tiempo se quedará usted este verano?
¿Cuánto tiempo se quedaría usted si tuviera más tiempo?

¿A dónde irá usted durante sus vacaciones?
¿A dónde iría usted si tuviera más dinero?

¿Cómo construirá usted la casa el año próximo?
¿Cómo la construiría usted si pudiera hacerlo?

Comparemos ahora *WILL* con *WOULD* a fin de dar acceso a su perfecta asimilación, distinción y uso preciso. Observe la relación de *WILL* con *CAN* y *WOULD* con *COULD*.

I	*WILL*	go	*as soon as*	I	*can*
I	*WOULD*	go	*if*	I	*could*
They	*WILL*	come	*as soon as*	they	*can*
They	*WOULD*	come	*if*	they	*could*
He	*WILL*	eat	*as soon as*	he	arrives
He	*WOULD*	eat	*if*	he	*could* arrive early
We	*WILL*	rest	*as soon as*	we	finish
We	*WOULD*	rest	*if*	we	*could finish early*
You	*WILL*	leave	*as soon as*	you	*can*
You	*WOULD*	leave	*if*	you	*could*

Traducción

Yo *iré* tan pronto como pueda
Yo *iría* si pudiera

Ellos *vendrán* tan pronto como puedan
Ellos *vendrían* si pudieran

Él *comerá* tan pronto como llegue
Él *comería* si pudiera llegar temprano

Descansaremos tan pronto como terminemos
Descansaríamos si pudiéramos terminar temprano

Usted *saldrá* tan pronto como pueda
Usted *saldría* si pudiera

EMPLEO DEL *GERUNDIO* DESPUÉS DE PREPOSICIONES Y OTRAS PALABRAS

Debe utilizarse la forma *"ING"* (gerundio) y *no* el infinitivo, (to speak, to work, to say, etc.) después de las preposiciones y algunas otras palabras que se exponen en la gráfica siguiente:

1 Think twice	BEFORE	*speaking*	
2 You should rest	AFTER	*working*	
3 He went away	WITHOUT	*saying*	good-bye
4 Thank you	FOR	*coming*	
5 She persisted	IN	*asking*	questions
6 Please, close the door	ON	*leaving*	
7 They are experts	AT	*making*	watches
8 Did they say anything	ABOUT	*buying*	the house?
9 He stays at home	INSTEAD OF	*going*	to school
10 I finished my work	IN SPITE OF	*feeling*	tired
11 Read the newspaper	WHILE	*waiting*	

1 Piense dos veces antes de hablar
2 Usted debería descansar después de trabajar
3 Él se fue sin decir adiós
4 Gracias por haber venido
5 Ella persistía en hacer preguntas
6 Por favor, cierre la puerta al salir
7 Ellos son expertos para hacer relojes
8 ¿Dijeron ellos algo acerca de comprar la casa?
9 Él se queda en casa en lugar de ir a la escuela
10 Terminé mi trabajo a pesar de sentirme cansado
11 Lea el periódico mientras espera

EJERCICIOS

Llene los espacios en blanco con la palabra abajo indicada, que está entre paréntesis, cambiándola a la forma *ING* (gerundio). Traduzca después esas oraciones al castellano en forma oral.

1 He went home without ——————————— his work.
   (to finish)

2 She drinks coca-cola instead of —————————— milk.
   (to drink)

3 Call me first before —————— to my house.
   (to go)

4 Don't forget to brush your teeth after ————————.
   (to eat)

5 This book is for ———————— English.
   (to learn)

6 My brother is very good at ———————— chess.
   (to play)

7 She's very shy about ———————.
   (to sing)

8 Be careful on ——————————— the bus.
   (to get off)

9 He came to school in spite of ——————— sick.
   (to be)

10 My uncle is interested in ———————— that house.
   (to buy)

11 Don't forget to write upon ——————
   (to arrive)

12 He worked yesterday without ——————— anything.
   (to eat)

13 They dance while ———————— to the radio.
   (to listen)

14 Wash your hands before ————————.
   (to eat)

15 You can play base-ball after ———————— your lesson.
   (to study)

ORACIONES DE CLÁUSULA SUBORDINADA Y EL *OBJECTIVE CASE*

Comparase aquí varios grupos de oraciones ordenadas por pares, siendo las de abajo de cláusula subordinada.

Observemos cómo en ambas existe una forma verbal en infinitivo (to go, to speak, to work) que no se modifica en la cláusula subordinada donde se emplea el caso oblicuo de los pronombres personales o sea el *objective case: me, you, him, her, us, you, them.*

1	He wants		*to go*	home
2	He wants	*ME*	*to go*	home
3	I want		*to speak*	English
4	I want	*YOU*	*to speak*	English
5	We want		*to work*	every day
6	We want	*HIM*	*to work*	every day
7	They want		*to visit*	New York
8	They want	*HER*	*to visit*	New York
9	She wants		*to buy*	a car
10	She wants	*US*	*to buy*	a car
11	He wants		*to practice*	the lesson
12	He wants	YOU	*to practice*	the lesson
13	You want		*to stay*	in Mexico
14	You want	*THEM*	*to stay*	in Mexico

1 Él quiere ir a casa
2 Él quiere que yo vaya a casa
3 Yo quiero hablar inglés
4 Yo quiero que usted hable inglés
5 Queremos trabajar todos los días
6 Queremos que él trabaje todos los días
7 Ellos quieren visitar Nueva York
8 Ellos quieren que ella visite Nueva York
9 Ella quiere comprar un auto
10 Ella quiere que compremos un auto
11 Él quiere practicar la lección
12 Él quiere que ustedes practiquen la lección
13 Usted quiere quedarse en México
14 Usted quiere que ellos se queden en México.

OBJECTIVE CASE

	Objective case	Después del *objective case* la forma verbal va siempre en *Infinitivo*	
AFIRMATIVO	↓	↓	
	YOU que usted	to come	(venga)
		to go	(se vaya)
I WANT—HIM que él		to work	(trabaje)
		to stay	(se quede)
HER que ella		to repeat	(repita)

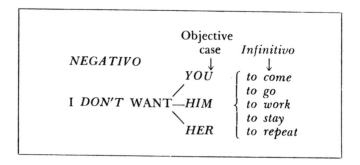

```
                         Objective
                           case      Infinitivo
     NEGATIVO               ↓            ↓
                          YOU       ⎧ to come
                         /          ⎪ to go
     I DON'T WANT—HIM    ⎨ to work
                         \            ⎪ to stay
                          HER        ⎩ to repeat
```

EJERCICIOS

Cambie ambos diagramas al Pasado y construya algunas oraciones, tomando como guía los cuadros esquemáticos arriba expuestos. Téngase en mente que la cláusula subordinada no sufre variación alguna en el tránsito de Presente a Pasado. Ejemplos:

I wanted you to come (Yo quería que usted viniera)

I didn't want him to come (Yo no quería que él viniera)

EJERCICIOS

I. Cambie las oraciones de cláusula subordinada al interrogativo y negativo. Ejemplos:

Does he want *me* to go home? (¿Quiere él que yo vaya a casa?)

He *does*n't want *me* to go home (Él no quiere que yo vaya a casa)

II. Traduzca al inglés las siguientes oraciones:

1 ¿Qué quiere usted que yo haga?

2 ¿Qué quiere él que yo haga?

3 ¿Qué quiere usted que él haga?

4 ¿Qué quiere usted que hagamos?

5 Yo quiero que ellos vayan a la escuela

6 Yo no quiero que ellos vayan al cine

7 ¿Dónde quiere usted que ella vaya?

8 ¿Dónde quiere él que vayamos?

9 ¿Cuándo quiere usted que yo venga?

10 ¿Cuándo quiere él que vengamos?

11 ¿Cuándo quieren ellos que ella venga?

12 Ella quiere que él venga mañana

13 Ella no quiere que él venga mañana

14 ¿A qué hora quiere usted que lo vea mañana?

15 ¿Por qué quiere tu padre que aprendas inglés?

16 ¿Cómo quiere ella que manejes el auto?

17 Ella quiere que yo maneje despacio

18 ¿Cuánto quiere usted que compremos?

19 ¿Cuánto tiempo quiere usted que yo lo espere?

20 ¿Cuántas manzanas quiere el médico que yo coma?

Obsérvese cómo en la cláusula subordinada el infinitivo *to go* *no* sufre mutación alguna al pasar el verbo principal *WANT* de Presente a Pasado y que tampoco se modifica al emplear distintos casos oblicuos: *me, you, us,* etc.

En cambio dicho infinitivo (*to go*) corresponde en castellano al presente de subjuntivo (*vaya*) y al pasado de subjuntivo (*fuera*).

	Presente		
1	I want	*you*	
2	*Do* you want	*me*	
3	He *does*n't want	*us*	
			TO GO
	Pasado		
4	I wanted	*you*	
5	*Did* you want	*me*	
6	He *did*n't want	*us*	

1 Yo quiero que tú te vayas
2 ¿Quiere usted que yo me vaya?
3 Él no quiere que nosotros nos vayamos

4 Yo quería que tú te fueras
5 ¿Quería usted que yo me fuera?
6 Él no quería que nosotros nos fuéramos

EJERCICIOS

Construya otras oraciones sustituyendo *to go* por *to come, to study, to walk, to read, to write, to remember, to sleep* y *to understand.*

Compárase aquí varios grupos de oraciones en Pasado ordenadas por pares, siendo las de abajo de cláusula subordinada. Observemos en ésas donde se emplean los casos oblicuos *(me, you him, etc.)* que a pesar de que el verbo principal WANTED está en pasado, la forma verbal subordinada (to speak) se mantiene en *infinitivo,* al igual que en las oraciones de arriba.

1 He	wanted		*to go*	home
2 He	wanted	*ME*	*to go*	home
3 I	wanted		*to speak*	English
4 I	wanted	*YOU*	*to speak*	English
5 We	wanted		*to work*	every day
6 We	wanted	*HIM*	*to work*	every day
7 They	wanted		*to visit*	New York
8 They	wanted	*HER*	*to visit*	New York
9 She	wanted		*to buy*	a car
10 She	wanted	*US*	*to buy*	a car
11 He	wanted		*to practice*	the lesson
12 He	wanted	*YOU*	*to practice*	the lesson
13 You	wanted		*to stay*	in Mexico
14 You	wanted	*THEM*	*to stay*	in Mexico

1 Él quería ir a casa
2 Él quería que yo fuera a casa
3 Yo quería hablar inglés
4 Yo quería que usted hablara inglés
5 Queríamos trabajar todos los días
6 Queríamos que él trabajara todos los días
7 Ellos querían visitar Nueva York
8 Ellos querían que ella visitara Nueva York
9 Ella quería comprar un auto
10 Ella quería que compráramos un auto
11 Él quería practicar la lección
12 Él quería que ustedes practicaran la lección
13 Usted quería quedarse en México
14 Usted quería que ellos se quedaran en México

Observe que en inglés la palabra *"que"* (that) es omitida al emplear el *objective case* en verbos como *want, ask, tell*, etc.

También advierta que el cambio de Presente a Pasado del verbo principal (want — wanted) no afecta a la forma verbal subordinada (to go).

Presente I want (yo quiero)	Objective case ↓ ⎧ YOU ⎫ ⎨ HIM ⎬ ⎨ HER ⎬ ⎨ US ⎬ ⎩ THEM ⎭	Después del *objective case* la forma verbal en *infinitivo* ↓ TO GO vaya(mos) (n)
Pasado I wanted (yo quería)	Objective case ↓ ⎧ YOU ⎫ ⎨ HIM ⎬ ⎨ HER ⎬ ⎨ US ⎬ ⎩ THEM ⎭	*Infinitivo* ↓ TO GO fuera(mos) (n)

EJERCICIOS

Haga oraciones utilizando los *objective pronouns* (you, him, her, etc.), sustituyendo en ambas gráficas *want* y *wanted* por *ask — asked* (pedir — pidió), *tell — told* (decir — dijo), *expect — expected* (esperar — esperaba), *advise — advised* (aconsejar — aconsejó), *force — forced* (obligar — obligó) y *order — ordered* (ordenar — ordenó). Ejemplos:

I ask him to go (Yo le pido a él que se vaya)
I asked him to go (Yo le pedí a él que se fuera)

I tell them to go (Yo les digo a ellos que se vayan)
I told them to go (Yo les dije a ellos que se fueran)

EJERCICIOS

I. Cambie las oraciones de la cláusula subordinada a las formas interrogativa y negativa. Ejemplos:

Did he want *me* to go home? (¿Quería él que yo fuera a casa?)

He *didn't* want me to go home (Él no quería que yo fuera a casa)

II. Traduzca al inglés las siguientes oraciones.

1 ¿Qué quería usted que yo hiciera?

2 ¿Qué quería él que yo hiciera?

3 ¿Qué quería usted que él hiciera?

4 ¿Qué quería usted que hiciéramos?

5 Yo quería que ellos fueran a la escuela

6 Yo no quería que ellos fueran al cine

7 ¿Dónde quería usted que ella fuera?

8 ¿Dónde quería él que fuéramos?

9 ¿Cuándo quería usted que yo viniera?

10 ¿Cuándo quería él que viniéramos?

11 ¿Cuándo querían ellos que ella viniera?

12 Ella quería que él viniera la semana pasada

13 Ella no quería que él viniera ayer

14 ¿A qué hora quería usted que yo lo viera ayer?

15 ¿Por qué quería tu padre que aprendieras inglés?

16 ¿Cómo quería ella que tú manejaras el auto?

17 Ella quería que yo manejara despacio

18 ¿Cuánto quería usted que compráramos?

19 ¿Cuánto tiempo quería usted que yo lo esperara?

20 ¿Cuántas manzanas quería el médico que yo comiera?

VERBOS QUE DESPUÉS DEL *OBJECTIVE CASE* EMPLEAN EL INFINITIVO EN LA CLÁUSULA SUBORDINADA

Léanse estas oraciones en voz alta.

He EXPECTS	*me*	to come	tomorrow
I ORDERED	*you*	to go	home
I ASKED	*him*	to study	every day
I INVITED	*her*	to go	down-town
I WANT	*you*	to call	*me* this afternoon
I TOLD	*you*	to wait for	*me* here
I ADVISE	*you*	to send	*me* the packages home
We WANTED	*them*	to bring	*us* many presents
She ASKED	*him*	to write	the letters now
He PERMITTED	*us*	to wait	in the lobby
Robert FORCED	*us*	to come back	to Chicago

Traducción

Él espera que yo venga mañana
Te ordené que fueras a casa
Le pedí a él que estudiara todos los días
La invité a ir al centro
Quiero que usted me llame esta tarde
Te dije que me esperaras aquí
Te aconsejo que me envíes los paquetes a casa
Queríamos que ellos nos trajeran muchos regalos
Ella le pidió a él que escribiera las cartas ahora
Él nos permitió que esperáramos en el vestíbulo
Roberto nos obligó a regresar a Chicago

EJERCICIOS

Haga negativa la cláusula subordinada en cada una de las oraciones de la gráfica. Para ese efecto empléese la partícula NOT delante del *infinitivo*, ejemplos:

He expects me NOT *to come* tomorrow
(Él espera que yo no venga mañana)

I ordered you NOT *to go* home
(Te ordené que no fueras a casa)

DIAGRAMA DEL *MODO IMPERATIVO* CON LOS *OBJECTIVE PRONOUNS*

Observe que también después de la forma imperativa *tell him* (dígale a él), *tell her* (dígale a ella), etc. se emplea el infinitivo en la cláusula subordinada.

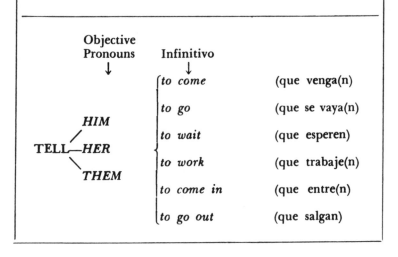

Objective Pronouns ↓	Infinitivo ↓	
	to come	(que venga(n)
HIM	*to go*	(que se vaya(n)
TELL—*HER*	*to wait*	(que esperen)
THEM	*to work*	(que trabaje(n)
	to come in	(que entre(n)
	to go out	(que salgan)

EJERCICIOS

Tomando como guía este diagrama construya oraciones con la cláusula subordinada negativa (*not* to come = que no venga). Ejemplos:

Tell him NOT to come tomorrow (Dile a él que no venga mañana)

LOS *OBJECTIVE PRONOUNS* EMPLEADOS COMO *COMPLEMENTO INDIRECTO*

Observe en estas gráficas los *objective pronouns* (me, him her, etc.) como complemento indirecto.

TELL *Robert* TO HELP
- *me*   (que me ayude)
- *him*   (que lo ayude a él)
- *her*   (que la ayude a ella)
- *us*   (que nos ayude)
- *them*   (que los ayude)

TELL *the boy* TO WAIT

Objective
Pronouns
↓
- for *me*   (que me espere)
- for *you*   (que te espere)
- for *him*   (que lo espere a él)
- for *her*   (que la espere a ella)
- for *us*   (que nos espere)
- for *them*   (que los espere)

EJERCICIOS

Cambie las oraciones de ambos diagramas al Imperativo plural o colectivo, es decir, aquél en que uno mismo se incluye en la orden o sugerencia. Ejemplos:

Let's tell Robert to help me
(digámosle a Robert que me ayude)

Let's tell the boy to wait for me
(digámosle al muchacho que me espere)

EJERCICIOS SUPLEMENTARIOS CON EL
MODO IMPERATIVO

Léanse estas oraciones en voz alta y después:

1) cambie al negativo la cláusula subordinada
2) cambie dichas oraciones a la forma plural o colectiva.

Ejemplos ilustrativos

Tell him to come
1) Tell him *not* to come   (dile a él que no venga)
2) Let's tell him to come   (digámosle a él que venga)

Tell *him* to come	(dile a él que venga)
Tell *Robert* to come	(dile a Roberto que venga)
Tell *the boy* to come	(dile al muchacho que venga)
Tell *them* to come	(dile a ellos que vengan)
Tell *the boys* to come	(dile a los muchachos que vengan)
Tell *her* to go	(dile a ella que se vaya)
Tell *Mary* to go	(dile a María que se vaya)
Tell *the girl* to go	(dile a la muchacha que se vaya)
Tell *her* to go home	(dile a ella que vaya a casa)
Tell *Mary* to go to school	(dile a María que vaya a la escuela)
Tell *him* to go down-town	(dile a él que vaya al centro)
Tell *him* to wait	(dile a él que espere)
Tell *him* to wait for me	(dile a él que me espere)
Tell *him* to wait for *us*	(dile a él que nos espere)
Tell *him* to wait for *her*	(dile a él que la espere)
Tell *him* to wait for *them*	(dile a él que los espere)
Tell *her* to wait for *him*	(dile a ella que lo espere a él)
Tell *her* to wait for *Robert*	(dile a ella que espere a Roberto)
Tell *her to* wait for *the boy*	(dile a ella que espere al mucha-[cho
Tell Mary to wait for *Robert*	(dile a María que espere a Ro-[berto
Tell *them* to work	(dile a ellos que trabajen)
Tell *the boys* to work	(dile a los muchachos que trabajen)
Tell *her* to come in	(dile a ella que entre o pase)
Tell *him* to come in	(dile a él que entre o pase)
Tell *him* to go out	(dile a él que salga)
Tell *them* to go out	(dile a ellos que salgan)

CUADRO ESQUEMÁTICO DEL *OBJECTIVE CASE* CON LAS PALABRAS INTERROGATIVAS

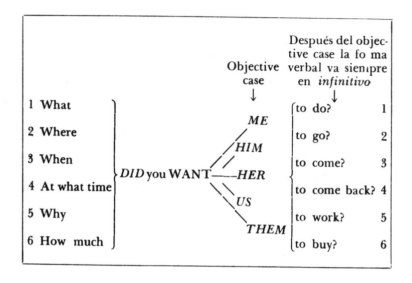

		Objective case ↓	Después del objective case la fo ma verbal va sienpre en *infinitivo* ↓	
1 What		*ME*	to do?	1
2 Where		/*HIM*	to go?	2
3 When	*DID* you WANT	/ /—*HER*	to come?	3
4 At what time		\\ *US*	to come back?	4
5 Why		\\ *THEM*	to work?	5
6 How much			to buy?	6

EJERCICIOS

Tomando como guía este diagrama, fórmense otras oraciones con cada una de las palabras interrogativas, sustituyendo *want* por *tell* (decir), *ask* (pedir), *order* (ordenar) y *advise* (aconsejar). Ejemplos:

What did you tell me to do?	(¿Qué me dijo usted que hiciera?)
What did you ask me to do?	(¿Qué me pidió usted que hiciera?)
What did you order me to do?	(¿Qué me ordenó usted que hiciera?)
What did you advise me .o do?	(¿Qué me aconsejó Ud. que hiciera?)

Where did you tell me to go?	(¿Dónde me dijo usted que fuera?)
Where did you ask me to go?	(¿Dónde me pidió Ud. que fuera?)
Where did you order me to go?	(¿Dónde me ordenó Ud. que fuera?)
Where did you advise me to go?	(¿Dónde me aconsejó Ud. que fuera?)

PARTES PRINCIPALES DE LOS VERBOS IRREGULARES

CLASE 1. Seleccionemos primeramente aquéllos con idénticas formas en el Pasado y Participio. Observe los grupos verbales mnemotécnicamente clasificados.

Infinitivo	Pasado	Participio	Infinitivo
to buy	BOUGHT	BOUGHT	comprar
to bring	BROUGHT	BROUGHT	traer
to think	THOUGHT	THOUGHT	pensar, creer
to seek	SOUGHT	SOUGHT	buscar
to fight	FOUGHT	FOUGHT	combatir, pelear
to catch	CAUGHT	CAUGHT	agarrar, coger
to teach	TAUGHT	TAUGHT	enseñar
to sleep	SLEPT	SLEPT	dormir
to keep	KEPT	KEPT	guardar, conservar
to sweep	SWEPT	SWEPT	barrer
to feel	FELT	FELT	sentir
to leave	LEFT	LEFT	dejar, salir, marcharse
to meet	MET	MET	encontrarse, conocer
to send	SENT	SENT	enviar, mandar
to spend	SPENT	SPENT	gastar (dinero o tiempo)
to lend	LENT	LENT	prestar
to build	BUILT	BUILT	edificar, construir
to tell	TOLD	TOLD	decir, contar, relatar
to sell	SOLD	SOLD	vender
to say	SAID	SAID	decir
to pay	PAID	PAID	pagar
to lay	LAID	LAID	colocar, poner huevos
to stand	STOOD	STOOD	ponerse de pie, quedarse
to understand	UNDERSTOOD	UNDERSTOOD	entender, comprender
to read	READ	READ	leer
to hear	HEARD	HEARD	oir
to win	WON	WON	ganar (torneo, apuesta)
to shine	SHONE	SHONE	brillar
to have	HAD	HAD	haber, tener
to make	MADE	MADE	hacer, manufacturar

Infinitivo	Pasado	Participio	Infinitivo
to hang	HUNG	HUNG	colgar
to swing	SWUNG	SWUNG	balancear, mecer
to sit	SAT	SAT	sentarse
to lose	LOST	LOST	perder
to shoot	SHOT	SHOT	disparar
to find	FOUND	FOUND	encontrar
to hold	HELD	HELD	sostener, estrechar
to wake	WOKE	WOKE	despertar (se)

CLASE 2. Con formas diferentes en el Infinitivo, Pasado y Participio. Observe los grupos verbales mnemotécnicamente clasificados.

Infinitivo	Pasado	Participio		Infinitivo
to speak	SPOKE	SPOKEN	(spóuken)	hablar
to break	BROKE	BROKEN	(bróuken)	romper
to steal	STOLE	STOLEN	(stóulen)	robar
to freeze	FROZE	FROZEN	(fróusen)	congelar, helar
to choose	CHOSE	CHOSEN	(chóusen)	escoger
to write	WROTE	WRITTEN	(ríten)	escribir
to drive	DROVE	DRIVEN	(dríven)	manejar
to ride	RODE	RIDDEN	(ríden)	montar, pasear en vehículo
to rise	ROSE	RISEN	(rísen)	levantarse
to drink	DRANK	DRUNK	(dronc)	beber
to begin	BEGAN	BEGUN	(bigón)	empezar, comenzar
to swim	SWAM	SWUM	(suóm)	nadar
to sing	SANG	SUNG	(song)	cantar
to sink	SANK	SUNK	(sonc)	hundir(se)
to shrink	SHRANK	SHRUNK	(shronc)	encoger
to ring	RANG	RUNG	(rong)	sonar (campana, timbre)
to run	RAN	RUN	(ron)	correr
to know	KNEW	KNOWN	(nóun)	conocer, saber
to grow	GREW	GROWN	(gróun)	crecer
to throw	THREW	THROWN	(zróun)	arrojar, lanzar
to blow	BLEW	BLOWN	(blóun)	soplar
to fly	FLEW	FLOWN	(flóun)	volar
to give	GAVE	GIVEN	(guíven)	dar, donar
to forgive	FORGAVE	FORGIVEN	(forguíven)	perdonar
to forbid	FORBADE	FORBIDDEN	(forbíden)	prohibir

Infinitivo	Pasado	Participio		Infinitivo
to take	TOOK	TAKEN	(téiken)	tomar, llevar
to mistake	MISTOOK	MISTAKEN	(mistéiken)	confundir, equivocar
to shake	SHOOK	SHAKEN	(shéiken)	sacudir, agitar
to get	GOT	GOT o		
		GOTTEN	(góten)	conseguir, obtener
to forget	FORGOT	FORGOTTEN	(forgóten)	olvidar
to wear	WORE	WORN	(uórn)	usar (de llevar puesto)
to tear	TORE	TORN	(torn)	desgarrar, romper rasgar
to come	CAME	COME	(com)	venir
to become	BECAME	BECOME	(bicóm)	llegar a ser
to do	DID	DONE	(don)	hacer
to go	WENT	GONE	(gon)	ir
to be	WAS, WERE	BEEN	(bin)	ser o estar
to see	SAW	SEEN	(sin)	ver
to eat	ATE	EATEN	(íten)	comer
to fall	FELL	FALLEN	(fólen)	caer

CLASE 3. Con idénticas formas en las tres partes principales.

Infinitivo	Pasado	Participio		Infinitivo
to put	PUT	PUT	(put)	poner
to let	LET	LET	(let)	dejar, permitir
to cost	COST	COST	(cost)	costar
to cut	CUT	CUT	(cot)	cortar
to shut	SHUT	SHUT	(shot)	cerrar
to hit	HIT	HIT	(jit)	pegar, golpear
to quit	QUIT	QUIT	(cuít)	dejar de, renunciar a
to spit	SPIT	SPIT	(spít)	escupir
to split	SPLIT	SPLIT	(splít)	dividir, partir

Infinitivo	Pasado	Participio		Infinitivo
to wet	WET	WET	(uét)	mojar, humedecer
to bet	BET	BET	(bet)	apostar
to set	SET	SET	(set)	fijar, poner, sentar
to upset	UPSET	UPSET	(opsét)	trastornar, volcar
to spread	SPREAD	SPREAD	(spréd)	extender, desplegar
to sweat	SWEAT	SWEAT	(suét)	sudar
to beat	BEAT	BEAT	(biit)	batir, golpear, vencer
to hurt	HURT	HURT	(jert)	lastimar, lesionar, herir

NOTA: Para una completa y más amplia documentación sobre los verbos irregulares y sus partes principales, usted puede consultar el libro *MANUAL COMPLETO DE LOS VERBOS EN INGLÉS*, cuya obra es también del mismo autor y publicada por Passport Books.

EL EMPLEO DE *TO HAVE* EN LA FORMACIÓN DE LOS TIEMPOS COMPUESTOS

TO HAVE (haber) es el auxiliar de los tiempos compuestos o perfectos, tales como:

Pretérito Perfecto (antepresente): I *have* spoken = yo he hablado

Pret. Pluscuamperfecto (antecopretérito): I *had* spoken = yo había [hablado

Futuro Perfecto (antefuturo): I will *have* spoken = yo habré ha- [blado

Potencial Compuesto (antepospretérito): I would *have* spoken = [yo habría hablado

En dichos tiempos *HAVE* va *siempre* seguido de una forma verbal en Participio: *spoken* (hablado), *seen* (visto), *eaten* (comido), *written* (escrito) *been* (sido o estado), *driven* (manejado), etc., ejemplo:

	Participios			
	spoken	(1)	Yo he hablado	(1)
I *HAVE*	eaten	(2)	Yo he comido	(2)
	written	(3)	Yo he escrito	(3)

Veamos ahora el Antepresente con todos los pronombres personales y notemos la modificación que sufre el auxiliar *have* en las terceras personas (he, she, it) cambiándose a *has*.

I	*have*		Yo he comido
You	*have*		Usted ha comido
He	*has*		Él ha comido
She	*has*	EATEN	Ella ha comido
It	*has*		Ello ha comido (impersonal)
We	*have*		Nosotros hemos comido
You	*have*		Ustedes han comido
They	*have*		Ellos han comido

Observe las formas contraídas del afirmativo.

I'VE (áiv)	= I	have	He'S (jis)	= He	has
You'VE (iúv)	= You	have	She'S (shis)	= She	has
We'VE (úiv)	= We	have	It'S (its)	= It	has
They'VE (déiv)	= They	have			

Ahora veámoslas con diferentes participios en estos ejemplos ilustrativos.

I've	worked	(he trabajado)
You've	traveled	(Usted ha viajado)
We've	talked	(hemos platicado)
They've	finished	(ellos han terminado)

He's	gone	(él se ha ido)
She's	written	(ella ha escrito)
It's	rained	(ha llovido)

La partícula NOT después del auxiliar (*have* o *has*) constituye la forma negativa del Antepresente y cuyas contracciones son *HAVEN'T* (*have not*) o *HASN'T* (*has* not), ejemplos:

I	*HAVEN'T*	eaten	= No he comido
He	*HASN'T*	written	= Él no ha escrito

En el interrogativo el auxiliar (*have* o *has*) se *antepone* al sujeto o pronombre personal:

HAVE	you	eaten?	= ¿Ha comido usted?
HAS	he	written?	= ¿Ha escrito él?

Las palabras interrogativas *what, where, how much,* etc. preceden, a su vez, al auxiliar:

What	*HAVE*	you	eaten?	= ¿Qué ha comido usted?
What	*HAS*	she	written?	= ¿Qué ha escrito ella?

Where	*HAVE*	they	gone?	= ¿Dónde han ido ellos?
How much	*HAS*	she	bought?	= ¿Cuánto ha comprado ella?

EJERCICIOS

I. Cambie las siguientes oraciones a las formas interrogativa y negativa. Ejemplos:

MODELO: You have been in New York
(Usted ha estado en Nueva York)

Interrog: Have you been in New York?
(¿Ha estado usted en NuevaYork?)

Negativo: You haven't been in New York
(Usted no ha estado en Nueva York)

1 They have studied the lesson
2 He has written his name and address
3 The children have eaten oranges
4 Alice has gone to school
5 The train has arrived on time
6 The boys have left already
7 You have read this book
8 Paul has bought a new car
9 John has spoken to Robert about business
10 Henry has seen a good picture
11 You have heard people talk about children
12 They have brought the merchandise
13 He has come home
14 Mary has answered the telephone
15 You have told me the truth
16 Frank has finished his work
17 The girl has done her home-work
18 The woman has washed the clothes
19 Mother has cooked dinner
20 The students have practiced English.

II. Cambie al Pretérito Perfecto (antepresente) las siguientes oraciones a continuación aparecen aquí en tiempo presente. Ejemplos:

Presente: I am in Mexico City
(Yo estoy en la ciudad de México)

Antepres: I *have been* in Mexico City
(He estado en la ciudad de México)

Presente: He speaks to me in English
(Él me habla en inglés)

Antepres: He *has spoken* to me in English
(Él me ha hablado en inglés)

Presente: We live in Los Angeles
(Vivimos en Los Ángeles)

Antepres: We *have lived* in Los Angeles
(Hemos vividos en Los Ángeles)

1 She writes many letters to her family
2 They read their books in school
3 I eat chicken salad at home
4 We see cow-boy films in the movies
5 He walks in the park during Spring
6 Dr. Davis speaks at the medical convention
7 Mother buys many presents during Christmas time
8 They work in Chicago
9 I do my work quickly
10 He sends the packages to the hotel
11 Mary spends too much money
12 They bring the merchandise from Japan
13 I find interesting things in the markets
14 The children go to the country
15 The students come to class on time
16 The boys play base-ball after school
17 Henry leaves for Acapulco by car
18 The teacher tells us to come to school on time
19 I listen to the radio at night
20 We meet many friends on the street
21 He understands the lesson very well
22 They forget to bring their books to class
23 Frank gets good comissions in that firm
24 I feel cold in the morning
25 They swim in the river
26 The children run in the yard
27 The girls sing in the school
28 I often sleep in hotels
29 The girls set the table carefully
30 Mary puts the clothes on her bed

Observe la posición de las palabras: *ever, never, always, seldom, often, sometimes* y *hardly* con el empleo del auxiliar HAVE.

	Participios ↓	
	been	in New York?
	spoken	at a meeting?
	seen	a giraffe?
	eaten	caviar?
Have you EVER	bought	pencils?
	read	this book?
	ridden	on horse-back?
	driven	a car?
	practiced	English?

Traducción

¿Ha estado usted alguna vez en Nueva York?

¿Ha hablado usted alguna vez en una reunión?

¿Ha visto usted alguna vez una jirafa?

¿Ha comido usted alguna vez caviar?

¿Ha comprado usted alguna vez lápices?

¿Ha leído usted alguna vez este libro?

¿Ha montado usted alguna vez a caballo?

¿Ha manejado usted alguna vez un auto?

¿Ha practicado usted alguna vez inglés?

	Participios	
	been	in New York
NEVER	spoken	at a meeting
ALWAYS	seen	a giraffe
SELDOM	eaten	caviar
I've (I have)	bought	pencils
OFTEN	read	this book
SOMETIMES	ridden	on horse-back
	driven	a car
HARDLY	practiced	English

I've	NEVER	eaten	caviar
I've	ALWAYS	eaten	potatoes
I've	SELDOM	eaten	oysters
I've	OFTEN	eaten	beef-steak
I've	SOMETIMES	eaten	chicken
I've	HARDLY	eaten	mushrooms

Traducción

Yo NUNCA he comido caviar
Yo SIEMPRE he comido papas
Yo RARA VEZ he comido ostiones
Yo FRECUENTEMENTE he comido bistec
Yo ALGUNAS VECES he comido pollo
Yo APENAS he comido hongos

EJERCICIOS

I. Haga que alguien le dicte las oraciones en castellano del primer diagrama, para que usted las traduzca por escrito al inglés. Rectifíquelas después con la ayuda de su texto.

II. Guiándose por el segundo diagrama, construya oraciones empleando con cada adverbio los participios adecuados. Ejemplo:

NEVER: I've *never* been in New York

I've *never* spoken at a meeting

I've *never* seen a giraffe, etc.

ALWAYS: I've *always* spoken at meeting

I've *always* practiced English, etc.

III. Con la ayuda del segundo diagrama conteste las preguntas del primero. Ejemplo:

Have you *ever* been in New York?

Yes, I've *often* been in New York

IV. Haga que le dicten las oraciones en castellano del tercer diagrama y tradúzcalas oralmente al inglés.

EMPLEO DE LOS AUXILIARES EN LAS
RESPUESTAS BREVES

Observe el uso de los auxiliares para responder brevemente en forma afirmativa o negativa.

Note, asimismo, que el auxiliar empleado en la pregunta es el mismo que la contesta, ya sea afirmativa o negativamente.

Preguntas		Respuestas Breves	
		Afirmativas	Negativas
DOES	Mr. Lopez *speak* English?	Yes, he DOES	No, he DOESN'T
DID	Mr. Lopez *speak* English?	Yes, he DID	No, he DIDN'T
WILL	Mr. Lopez speak English?	Yes, he WILL	No, he WON'T
WOULD	Mr. Lopez *speak* English?	Yes, he WOULD	No, he WOULDN'T
CAN	Mr. Lopez *speak* English?	Yes, he CAN	No, he CAN'T
COULD	Mr. Lopez *speak* English?	Yes, he COULD	No, he COULDN T
MAY	Mr. Lopez *speak* English?	Yes, he MAY	No, he MAY NOT
MIGHT	Mr. Lopez *speak* English?	Yes, he MIGHT	No, he MIGHT NOT
MUST	Mr. Lopez *speak* English?	Yes, he MUST	No, he MUSTN'T
SHOULD	Mr. Lopez *speak* English?	Yes, he SHOULD	No, he SHOULDN'T

IS	Mr. Lopez *speaking* English?	Yes, he IS	No, he ISN T
WAS	Mr. Lopez *speaking* English?	Yes, he WAS	No. he WASN'T
HAS	Mr. Lopez *spoken* English?	Yes, he HAS	No, he HASN T

EJERCICIOS

Llene los espacios en blanco con los auxiliares apropiados en cada caso. Ejemplos:

Can John go to Chicago this Summer?   Yes, he *can*
Will you come back soon? *Yes,* I will
Will he come back soon? No, he *won't*

1 Do you come here every day? No, I ——————

2 Does he come here every day? Yes, he ——————

3 Will we go to Chicago soon? Yes, we ——————

4 Do I wait for you here? No, you ——————

5 Am I going to leave on time tomorrow? Yes, you ——————

6 Can you leave early now? Yes, I ——————

7 Must John speak English? Yes, he ——————

8 Will he stay here long? No, he ——————

9 Does the bus stay here long? Yes, it ——————

10 Is the bus going to stay here long? No, it ——————

11 Will the bus stay here long? Yes, it ——————

12 Are you going to be here later? Yes, I ——————

13 Can you be here an hour? No, I ——————

14 Are you going to see John tomorrow? Yes, I ——————

15 Is John going to have breakfast? No, he ——————

16 Must he stay here long? No, he ——————

17 Do you leave early every day? Yes, I——————

18 Will I leave on time tomorrow? Yes, you ——————

19 Are the employees going to get up early on Sunday? No, they
——————————

20 Is it going to rain now? No, it ——————

21 Does he stay here long? No, he ——————

22 Will she have coffee later? Yes, she ——————

23 Are you going to get off at the next stop? No, we ——————

24 Is he going to work now? Yes, he ——————

25 Will the employees work next Sunday? No, they ——————

EMPLEO EN INGLÉS DE LO EQUIVALENTE A ¿VERDAD?
EN ORACIONES NEGATIVAS

Observe que en las siguientes oraciones negativas, lo equivalente en inglés a ¿Verdad? se expresa con el auxiliar correspondiente a cada una de ellas pero en la forma interrogativa, o sea, la contraria a la que se emplea en las negaciones.

También note que en inglés la mencionada expresión (¿verdad?) varía de acuerdo con la persona y forma verbal empleada.

You	DON'T	speak	English,	DO	you?
Frank	DOESN'T	speak	English,	DOES	he?
You	DIDN'T	speak	English,	DID	you?
You	WON'T	speak	English,	WILL	you?
You	WOULDN'T	speak	English,	WOULD	you?
You	CAN'T	speak	English,	CAN	you?
You	COULDN'T	speak	English,	COULD	you?
You	MUSTN'T	speak	English,	MUST	you?
You	SHOULDN'T	speak	English,	SHOULD	you?

Traducción

Usted no habla inglés, ¿VERDAD?
Francisco no habla inglés, ¿VERDAD?
Usted no habló inglés, ¿VERDAD?

Usted no hablará inglés, ¿VERDAD?
Usted no hablaría inglés, ¿VERDAD?

Usted no puede hablar inglés, ¿VERDAD?
Usted no podía hablar inglés, ¿VERDAD?

Usted no debe hablar inglés, ¿VERDAD?
Usted no debería hablar inglés, ¿VERDAD?

EJERCICIOS

Construya otras oraciones sustituyendo en cada forma verbal el verbo principal to speak English por come every day, play the piano, finish yesterday, work tomorrow, do anything, eat pancakes, type last year, talk in class y spend too much money, en el mismo orden en que aparecen en la gráfica. Ejemplos:

You don't come every day, do you?
(Usted no viene todos los días, ¿verdad?

Frank doesn't play the piano, does he?
(Francisco no toca el piano, ¿verdad?

I	*AM* NOT	speaking	English,	*AM*	I?
You	*AREN'T*	speaking	English,	*ARE*	you?
He	*ISN'T*	speaking	English,	*IS*	he?
You	*WEREN'T*	speaking	English,	*WERE*	you?
He	*WASN'T*	speaking	English,	*WAS*	he?
You	*HAVEN'T*	*spoken*	English,	*HAVE*	you?
He	*HASN'T*	*spoken*	English,	*HAS*	he?

Traducción

Yo no estoy hablando inglés, ¿VERDAD?
Usted no está hablando inglés, ¿VERDAD?
Él no está hablando inglés, ¿VERDAD?

Usted no estaba hablando inglés, ¿VERDAD?
Él no estaba hablando inglés, ¿VERDAD?

Usted no ha hablado inglés, ¿VERDAD?
Él no ha hablado inglés, ¿VERDAD?

EJERCICIOS

Forme otras oraciones reemplazando los gerundios (speaking) y los participios (spoken) por *translating, studying, correcting, typing, talking, translated* y *studied* respectivamente. Ejemplos:

I am not *translating*, am I?
(Yo no estoy traduciendo, ¿verdad?)

You aren't *studying*, are you?
Usted no está estudiando, ¿verdad?

You haven't *translated*, have you?
(Usted no ha traducido, ¿verdad?)

EMPLEO EN INGLÉS DE LO EQUIVALENTE A ¿NO ES VERDAD? EN ORACIONES AFIRMATIVAS

Observe que en las siguientes oraciones afirmativas, lo equivalente en inglés a ¿No es verdad? se expresa con el auxiliar correspondiente a cada una de ellas, pero en la forma negativa, es decir, con el auxiliar contrario al que se emplea en las aseveraciones. Asimismo advierta que en inglés dicha expresión (¿no es verdad?) varía de acuerdo con la persona y forma verbal empleada.

You		SPEAK	English,	DON'T	you?
Frank		SPEAKS	English,	DOESN'T	he?
You		SPOKE	English,	DIDN'T	you?
You	WILL	speak	English,	WON'T	you?
You	WOULD	speak	English,	WOULDN'T	you?
You	CAN	speak	English,	CAN'T	you?
You	COULD	speak	English,	COULDN'T	you?
You	MUST	speak	English,	MUSTN'T	you?
You	SHOULD	speak	English,	SHOULDN T	you?

Traducción

Usted habla inglés, ¿NO ES VERDAD?
Francisco habla inglés, ¿NO ES VERDAD?
Usted habló inglés, ¿NO ES VERDAD?
Usted hablará inglés, ¿NO ES VERDAD?
Usted hablaría inglés, ¿NO ES VERDAD?
Usted puede hablar inglés, ¿NO ES VERDAD?
Usted podía hablar inglés, ¿NO ES VERDAD?
Usted debe hablar inglés, ¿NO ES VERDAD?
Usted debería hablar inglés, ¿NO ES VERDAD?

EJERCICIOS

Construya otras oraciones sustituyendo speak English en cada forma verbal por dance, often, study engineering, worked yesterday, come next week, buy more fruit, swim fast, run quickly, drive carefully y practice more sports, en el mismo orden en que aparecen en la gráfica. Ejemplos:

You dance often, don't you?
(Usted baila a menudo, ¿nó es verdad?)

Frank studies engineering, doesn't he?
(Francisco estudia ingeniería, ¿no es verdad?

You	*ARE*	speaking	English,	*AREN'T*	you?
He	*IS*	speaking	English,	*ISN'T*	he?

You	*WERE*	speaking	English,	*WEREN'T*	you?
He	*WAS*	speaking	English,	*WASN'T*	he?

You	*HAVE*	*spoken*	English,	*HAVEN'T*	you?
He	*HAS*	*spoken*	English,	*HASN'T*	he?

Traducción

Usted está hablando inglés, ¿NO ES VERDAD?
Él está hablando inglés, ¿NO ES VERDAD?

Usted estaba hablando inglés, ¿NO ES VERDAD?
Él estaba hablando inglés, ¿NO ES VERDAD?

Usted ha hablado inglés, ¿NO ES VERDAD?
Él ha hablado inglés, ¿NO ES VERDAD?

EJERCICIOS

Forme otras oraciones reemplazando los gerundios (speaking) y los participios (spoken) por *reading, writing, practicing, learning, learned* y *practiced*, respectivamente. Ejemplos:

You are *reading* English, aren't you?
(Usted está leyendo inglés, ¿no es verdad?)

You have *learned* English, haven't you?
(Usted ha aprendido inglés, ¿no es verdad?)

EJERCICIOS SUPLEMENTARIOS

Complete las siguientes oraciones llenando los blancos con lo equivalente en inglés a *¿NO ES VERDAD?* y *¿VERDAD?* Ejemplos:

The children are in school, *aren't they?*
(¿no es verdad?)

Mary can't sing well, *can she?*
(¿verdad?)

We came here yesterday, *didn't we?*
(¿no es verdad?)

You haven't finished your work, *have you?*
(¿verdad?)

1 You are a Mexican, ————————————?
2 He isn't an American, ————————————?
3 The boys were here last ,week, ——————————?
4 Mary wasn't playing the piano, ————————?
5 You smoke a package every day, ————————?
6 They played base-ball yesterday, ————————?
7 The girls go to school every day, ————————?
8 Frank can't run quickly, ——————————?
9 Peter will come tomorrow, ——————————?
10 You couldn't come yesterday, ————————?
11 We should practice more English, ————————?
12 You didn't read this book, ——————————?
13 She wrote him a letter last month, ——————?
14 John mustn't work at night, ————————?
15 I gave you the money, ——————————?
16 I didn't give you the change, ————————?
17 Henry can swim fast, ———————————?
18 You work in the afternoon, ——————————?
19 It rains very much in Brazil, ————————?
20 It isn't raining now, ———•——————————?
21 She hasn't seen that picture, ————————?
22 You have read this book, ——————————?
23 They haven't studied the lesson, ————————?
24 Your sister hasn't changed much, ————————?
25 Your parents like Mexico City, ————————?

ORACIONES AFIRMATIVAS CON LO EQUIVALENTE A "*TAMBIÉN*" EMPLEANDO LOS AUXILIARES

Obsérvese que, después de oraciones aseverativas, lo equivalente en inglés a "*TAMBIÉN*" se origina con la palabra *SO* y el auxiliar correspondiente a la forma verbal empleada, antepuesto al sujeto en cuestión: *so do* I, *so does* he, *so did* we, etc.

Por lo tanto advierta también que dicha expresión *(también)* varía de acuerdo con la persona y la forma verbal que se emplee.

You		SPEAK	English and	*so*	*DO*	I
She		SPEAKS	English and	*so*	*DOES*	he
You		SPOKE	English and	*so*	*DID*	we
You	*WILL*	speak	English and	*so*	*WILL*	I
You	*WOULD*	speak	English and	*so*	*WOULD*	I
You	*CAN*	speak	English and	*so*	*CAN*	I
You	*COULD*	speak	English and	*so*	*COULD*	I
You	*MUST*	speak	English and	*so*	*MUST*	I
You	*SHOULD*	speak	English and	*so*	*SHOULD*	I

Traducción

Usted habla inglés y TAMBIÉN yo
Ella habla inglés y TAMBIÉN él
Usted habló inglés y TAMBIÉN nosotros

Usted hablará inglés y TAMBIÉN yo
Usted hablaría inglés y TAMBIÉN yo

Usted puede hablar inglés y TAMBIÉN yo
Usted pudo hablar inglés y TAMBIÉN yo

Usted debe hablar inglés y TAMBIÉN yo
Usted debería hablar inglés y TAMBIÉN yo

EJERCICIOS

Construya otras oraciones complementadas con la expresión "*TAMBIÉN*", sustituyendo en cada una de las formas verbales, y en el mismo orden en que aparecen en la gráfica, el verbo principal *speak English* por *work daily, plays the piano, bought a car, go home next week, visit the museums, type correctly, arrive on time last night, wait here* y *stay at home.* Ejemplos:

You *work daily* and so do I
(Usted trabaja diariamente y también yo)

She *plays the piano* and so does he
(Ella toca el piano y también él)

You	ARE	speaking	English	and	so	AM	I
I	AM	speaking	English	and	so	ARE	they
She	IS	speaking	English	and	so	IS	he
You	WERE	speaking	English	and	so	WAS	I
He	WAS	speaking	English	and	so	WERE	we
You	HAVE	spoken	English	and	so	HAVE	I
He	HAS	spoken	English	and	so	HAS	she

Traducción

Usted está hablando inglés y TAMBIÉN yo
Yo estoy hablando inglés y TAMBIÉN ellos
Ella está hablando inglés y TAMBIÉN él

Usted estaba hablando inglés y TAMBIÉN yo
Él estaba hablando inglés y TAMBIÉN nosotros

Usted ha hablado inglés y TAMBIÉN yo
Él ha hablado inglés y TAMBIÉN ella

EJERCICIOS

Forme otras oraciones reemplazando, en el mismo orden en que aparecen en la gráfica, los gerundios (speaking) y los participios (spoken) por *eating fruit, working too much, dancing now, listening to the radio, playing base-ball, finished early* y *been here*, ejemplos:

You are *eating fruit* and so am I
(Usted está comiendo fruta y también yo)

He has *been here* and so has she
(Él ha estado aquí y también ella)

EJERCICIOS SUPLEMENTARIOS

Complétense las siguientes oraciones con el equivalente en inglés a "*TAMBIÉN*", llenando los espacios en blanco con los auxiliares correspondientes a cada caso, ejemplos:

I am at home and so *IS* my brother

My brother speaks English and so *DOES* my sister

Frank went to school yesterday and so *DID* I

1 He is in school and so ——— I
2 I have been in New York and so ———— my father
3 They go to the University of Mexico and so ———— my friends
4 John studies in the United States and so ———— I
5 You were swimming yesterday and so ———— we
6 I can drive carefully and so ———— you
7 We came early yesterday and so ———— they
8 They'll work tomorrow and so ———— he
9 She could see the children and so ———— I
10 He reads good books and so ———— we
11 I work at night and so ———— Peter
12 I would buy a big house and so ———— you
13 She saw my mother and so ———— the children
14 They have done their work and so ———— I
15 You are a good student and so ———— your brother
16 Henry can dance very well and so ———— Paul
17 I'll go to the movies and so ———— you
18 The man could get a job and so ———— his son
19 You spent too much money last month and so ———— I
20 My father will buy a new car and so ———— my uncle
21 My brother is married and so ———— my sister
22 My brother can type and so ——— I
23 I should practice more English and so ———— you
24 You must arrive early and so ———— he
25 He should learn practical things and so ———— Mary.

EMPLEO DE *EITHER — OR* QUE EQUIVALE EN ESPAÑOL A LA OPCIÓN *O* Y *O*

Obsérvese aquí que la posición de *either* y or (*o* y *o*) es justamente antecediendo al verbo principal (work, study, etc.).

You	EITHER	*work*	OR	*study*
We	EITHER	*rest*	OR	*play*
He	EITHER	*jumps*	OR	*runs*
They	EITHER	*read*	OR	*write*

Traducción

Usted o trabaja o estudia
Nosotros o descansamos o jugamos
Él o salta o corre
Ellos o leen o escriben

Note que en esta gráfica la posición de *either* es inmediatamente después de los auxiliares (should) y precediendo a los verbos principales (work, rest, etc.). Adviértase además *or* delante de *study, play, run*, etc.

You	*should*	EITHER	*work*	OR	*study*
We	*should*	EITHER	*rest*	OR	*play*
He	*should*	EITHER	*jump*	OR	*run*
They	*should*	EITHER	*read*	OR	*write*

Traducción

Usted debería o trabajar o estudiar
Nosotros deberíamos o descansar o jugar
Él debería o saltar o correr
Ellos deberían o leer o escribir

EJERCICIOS

Guiándose por las gráficas, construya oraciones con *either — or* cambiando los verbos principales por cualquier otros, ejemplos:

You either *wait* or *come back*
(Usted o espera o regresa)

We either *watch* T.V. or *listen* to the radio
(Nosotros o vemos la T.V. o escuchamos la radio)

They should either *practice* or *study*
(Ellos deberían o practicar o estudiar)

Observe la posición de *either* y *or* y advierta que *either* se emplea aquí después del verbo *to be*.

He's	EITHER	at home	OR	in the office
She's	EITHER	an American	OR	a Canadian
It's	EITHER	in the drawer	OR	on the desk
It's	EITHER	green	OR	blue
They're	EITHER	coming on Monday	OR	Tuesday next [week
We're	EITHER	going to Paris	OR	Rome next [Summer
Am I	EITHER	going	OR	staying?
Are you	EITHER	going	OR	staying?
Is he	EITHER	going	OR	staying?

Traducción

Él está o en casa o en la oficina
Ella es o americana o canadiense
Está o en la gaveta o sobre el escritorio
Es o verde o azul
Ellos vienen o el lunes o el martes de la semana próxima
Nosotros vamos o a París o a Roma el verano próximo

¿O me voy o me quedo?
¿O te vas o te quedas?
¿O se va él o se queda?

EJERCICIOS

Construya oraciones como las que aparecen en la gráfica empleando el verbo *to be*, pero con diferentes complementos. Ejemplos:

He's either *at the movies* or *at the theater*
(Él está o en el cine o en el teatro)

Observe la posición de *either* y *or*.

He	*may*	*be* EITHER	fishing	OR hunting
He	*might*	*be* EITHER	at home	OR at the club
He	*can*	*be* EITHER	in Chicago	OR Detroit
He	*could*	*be* EITHER	sleeping	OR resting
He	*must*	*be* EITHER	working	OR at the club
He	*should*	*be* EITHER	learning	OR practicing
She	*ought* to	*be* EITHER	an actress	OR a singer

Traducción

Puede que él esté o pescando o cazando
Él podría estar o en su casa o en el club
Él puede estar o en Chicago o en Detroit
Él pudo estar o durmiendo o descansando
Él debe estar o trabajando o en el club
Él debería estar o aprendiendo o practicando
Ella debiera ser o una actriz o una cantante

EJERCICIOS

Construya oraciones como las que aparecen en la gráfica, empleando el verbo *to be* con los auxiliares: *may, might, can, could, must, should* y *ought to,* pero con diferentes complementos. Ejemplo:

He may be either *reading* or *writing*
(Puede que él esté o leyendo o escribiendo)

EMPLEO DE *NEITHER — NOR* CUANDO EQUIVALE A LA DOBLE NEGACIÓN *NI — NI*

Obsérvese aquí que la posición de *neither* y *nor* (ni y ni) es justamente antecediendo al verbo principal (work, study, etc.), al igual que la de *either* y *or*.

You	NEITHER	*work*	NOR	*study*
We	NEITHER	*rest*	NOR	*play*
He	NEITHER	*jumps*	NOR	*runs*
They	NEITHER	*read*	NOR	*write*

Traducción

Usted ni trabaja ni estudia
Nosotros ni descansamos ni jugamos
Él ni salta ni corre
Ellos ni leen ni escriben

Note asimismo que, en esta gráfica, la posición de *neither* es inmediatamente después de los auxiliares (should) y precediendo a los verbos principales (work, rest, etc.), como en el caso de *either — or.*

Adviértase además *nor* delante de *study, play, run,* etc.

You	*should*	NEITHER	*work*	NOR	*study*
We	*should*	NEITHER	*rest*	NOR	*play*
He	*should*	NEITHER	*jump*	NOR	*run*
They	*should*	NEITHER	*read*	NOR	*write*

Traducción

Usted ni debería trabajar ni estudiar
Nosotros ni deberíamos descansar ni jugar
Él ni debería saltar ni correr
Ellos ni deberían leer ni escribir

EJERCICIOS

Guiándose por estas gráficas, construya oraciones con *neither nor* cambiando los verbos principales por otros. Ejemplos:

He neither *sees* nor *hears*
(Él ni ve ni oye)

They should neither *smoke* nor *drink*
(Ellos ni deberían fumar ni beber)

Observe la posición de *neither* y *nor*, advirtiendo además que *neither* se emplea aquí después del verbo *to be*.

He's	NEITHER at home	NOR in the office
She's	NEITHER an American	NOR a Canadian
It's	NEITHER in the drawer	NOR on the desk
It's	NEITHER green	NOR blue
They're	NEITHER coming on Monday	NOR Tuesday [next week
We're	NEITHER going to Paris	NOR Rome next [Summer

Traducción

Él ni está en casa ni en la oficina

Ella ni es americana ni canadiense

No está en la gaveta ni sobre el escritorio

Ni es verde ni azul

Ellos ni vienen el lunes ni el martes de la semana próxima

Nosotros ni vamos a París ni a Roma el próximo verano

EJERCICIOS

Construya oraciones como las que aparecen en la gráfica empleando el verbo *to be*, pero con diferentes complementos. Ejemplo:

He's neither *at the movies* nor *at the theater*
(Él ni está en el cine ni en el teatro)

Observe la posición de *neither* y *nor*.

He *may*		*be* NEITHER	fishing	NOR	hunting	
He *might*		*be* NEITHER	at home	NOR	in the office	
He *can*		*be* NEITHER	here	NOR	in the kitchen	
He *could*		*be* NEITHER	sleeping	NOR	resting	
He *must*		*be* NEITHER	working	NOR	studying	
He *should*		*be* NEITHER	unemployed	NOR	without money	
She *ought*	*to be*	NEITHER	a stenographer	NOR	a typist	

Traducción

Puede que él no esté ni pescando ni cazando

Él podría no estar ni en su casa ni en la oficina

Él no puede estar ni aquí ni en la cocina

Él no pudo estar ni durmiendo ni descansando

Él no debe estar ni trabajando ni estudiando

Él no debería estar ni desempleado ni sin dinero

Ella no debiera ser ni taquígrafa ni mecanógrafa

EJERCICIOS

Construya oraciones como las que aparecen en la gráfica, empleando el verbo *to be* con los auxiliares: *may, might, can, could, must, should* y *ought to,* pero con diferentes complementos.
Ejemplo:

He *may* be neither *reading* nor *writing*
(Puede que él no esté ni leyendo ni escribiendo)

GRÁFICA QUE ILUSTRA LOS PRINCIPALES AUXILIARES EN LA FORMA NEGATIVA Y EL EMPLEO DE *NOT EITHER* (tampoco)

Observe cómo cualquier auxiliar en la forma negativa + la palabra EITHER constituyen lo que en castellano equivale a TAMPOCO. Por lo tanto, advierta asimismo, que en inglés dicha expresión (tampoco) varía de acuerdo con la persona y el verbo auxiliar empleado.

He *DOES*	*not*	smoke and we	*DO*	not	EITHER
He *DID*	*not*	smoke and we	*DID*	not	EITHER
He *WILL*	*not*	smoke and we	*WILL*	not	EITHER
He *WOULD*	*not*	smoke and we	*WOULD*	not	EITHER
He *CAN*	*not*	smoke and we	*CAN*	not	EITHER
He *COULD*	*not*	smoke and we	*COULD*	not	EITHER
He *MAY*	*not*	smoke and we	*MAY*	not	EITHER
He *MIGHT*	*not*	smoke and we	*MIGHT*	not	EITHER
He *MUST*	*not*	smoke and we	*MUST*	not	EITHER
He *SHOULD*	*not*	smoke and we	*SHOULD*	not	EITHER
He *OUGHT*	*not to*	smoke and we	*OUGHT*	not	EITHER

Traducción

Él no fuma y nosotros tampoco
Él no fumó y nosotros tampoco
Él no fumará y nosotros tampoco
Él no fumaría y nosotros tampoco
Él no puede fumar y nosotros tampoco (no sabemos hacerlo)
Él no pudo fumar y nosotros tampoco (no supimos hacerlo)
Él no puede fumar y nosotros tampoco (no tenemos permiso de hacerlo)
Él podría no fumar y nosotros tampoco
Él no debe fumar y nosotros tampoco (no tenemos que hacerlo)
Él no debería fumar y nosotros tampoco
Él no debiera fumar y nosotros tampoco.

He *IS*	not smoking and we	*ARE*	*not*	EITHER
He *WAS*	not smoking and we	*WERE*	*not*	EITHER
He *HAS*	not smoked and we	*HAVE*	*not*	EITHER

Traducción

Él no está fumando y nosotros tampoco

Él no estaba fumando y nosotros tampoco

Él no ha fumado y nosotros tampoco

EJERCICIOS

Guiándose por estas dos gráficas, construya otras oraciones en inglés con el equivalente a *tampoco* sustituyendo en cada forma verbal de la primera gráfica, *smoke* por *dance, go,* play, *work, swim, come, sleep, buy, drink, stay* y *run* respectivamente.

En la segunda reemplace *smoking, smoking* y *smoked* por *talking, reading,* y *written.* Haga uso de las contracciones. Ejemplos:

He *doesn't* dance and we *don't* either
(Él no baila y nosotros tampoco)

He *isn't* talking and we *aren't* either
(Él no está platicando y nosotros tampoco)

EJERCICIOS SUPLEMENTARIOS

Complétense las siguientes oraciones, llenando los espacios en blanco, con lo equivalente en inglés a *"TAMPOCO"*, ejemplos.

I'm not a doctor and he *isn't either*

They can't dance and you *can't either*

She won't come tomorrow and we *won't either*

1 Paul wasn't here yesterday and they ——————

2 He isn't working and I ————————

3 You aren't studying and he ———————

4 My father doesn't smoke and we ——————

5 I don't play the piano and my brother ——————

6 The children haven't come and their father ———————

7 Mary hasn't finished and I ————————

8 They shouldn't arrive late and you ——————

9 Robert can't swim and Alice ———————

10 You won't be here tomorrow and I ——————

11 The students mustn't drink and you ——————

12 She couldn't come yesterday and we ——————

13 They wouldn't buy cigarettes and I ——————

14 You might not go and she ———————

15 The bus may not leave early and the train ————

EMPLEO DE *NEITHER* Y LOS AUXILIARES EN FORMA AFIRMATIVA EQUIVALIENDO A *"NI TAMPOCO"*

Observe en las siguientes oraciones negativas el empleo de *NEITHER* seguido de los auxiliares en forma afirmativa. Esto traducido al castellano equivale a la expresión *"NI TAMPOCO"*. Advierta también que aunque *neither* antecede a los auxiliares (is, am, were, etc.) y éstos a su vez a los sujetos (he, I, you, etc.), ello no implica una forma interrogativa, sino que imparte más eufonía y énfasis a la oración.

I	*am* not	a doctor	and	NEITHER	*IS*	he
She	*isn*'t	going out	and	NEITHER	*AM*	I
He	*was*n't	here yesterday	and	NEITHER	*WERE*	you
Mary	*can*'t	dance well	and	NEITHER	*CAN*	John
I	*could*n't	come yesterday	and	NEITHER	*COULD*	Mary
She	*must*n't	do it	and	NEITHER	*MUST*	you
I	*don*'t	speak Russian	and	NEITHER	*DOES*	he

Traducción

Yo no soy doctor y NI él TAMPOCO

Ella no va a salir y NI yo TAMPOCO

Él no estuvo aquí y NI usted TAMPOCO

María no puede bailar bien y NI Juan TAMPOCO

Yo no pude venir ayer y NI María TAMPOCO

Ella no debe hacerlo y NI usted TAMPOCO

Yo no hablo ruso y NI él TAMPOCO

EJERCICIOS

I. **Haga** que le dicten estas oraciones en castellano para que usted las traduzca por escrito al inglés. Rectifíquelas después con la ayuda de su libro.

II. **Complete** las siguientes oraciones con lo equivalente en inglés a *"NI TAMPOCO"* o sea empleando la palabra NEITHER seguida del auxiliar apropiado.

1 Henry shouldn't smoke... (y ni su hermano tampoco)

2 Mary isn't going home... (y ni yo tampoco)

3 We won't come tomorrow... (y ni ellos tampoco)

4 I couldn't understand the lesson... (y ni Juan tampoco)

5 They weren't at home... (y ni sus padres tampoco)

6 He isn't working now... (y ni yo tampoco)

7 I haven't eaten caviar... (y ni ella tampoco)

8 You wouldn't do that... (y ni ella tampoco)

9 She can't run fast... (y ni yo tampoco)

10 I mustn't come late... (y ni ellos tampoco)

11 You aren't studying... (y ni él tampoco)

12 They won't go to the movies... (y ni tú tampoco)

13 You shouldn't talk in class... (y ni tus amigos tampoco)

14 I'm not a North American... (y ni mi amigo tampoco)

15 He hasn't finished working... (y ni yo tampoco)

16 Susan couldn't play the piano... (y ni su hermana tampoco)

17 He wouldn't eat fish... (y ni ella tampoco)

18 He mustn't go there... (y ni tú tampoco)

19 I don't speak French... (y ni mi padre tampoco)

20 Frank doesn't live here... (y ni María tampoco).

EMPLEO DE LO EQUIVALENTE A *"APENAS"* (hardly)

Observe la palabra *hardly* (apenas) después de los auxiliares y antepuesta al verbo principal empleado.

He		HARDLY	*speaks*	English every day
He		HARDLY	*spoke*	English yesterday
He	*can*	HARDLY	*speak*	English now
He	*could*	HARDLY	*speak*	English before
He	*may*	HARDLY	*speak*	at the meeting
He	*might*	HARDLY	*speak*	a few .words

Traducción

Él APENAS habla inglés todos los días
Él APENAS habló inglés ayer
Él APENAS puede hablar inglés ahora
Él APENAS podía hablar inglés anteriormente
Es posible que él APENAS hable en la reunión
Él APENAS podría hablar unas pocas palabras

He	*is*	HARDLY		here every day
He	*was*	HARDLY		here yesterday
He	*will*	HARDLY	*be*	here tomorrow
He	*would*	HARDLY	*be*	here a few minutes

Traducción

Él APENAS está aquí todos los días
Él APENAS estuvo aquí ayer
Él APENAS estará aquí mañana
Él APENAS estaría aquí unos pocos minutos

EJERCICIOS

Guiándose por las dos gráficas anteriores, construya otras oraciones en inglés con *"APENAS"* (hardly) cambiando los verbos principales (speaks, spoke, speak y be), así como los complementos (English every day, English yesterday, etc.) por cualquier otros. Ejemplos:

He hardly eats at noon
(Él apenas come al mediodía)

He hardly ate yesterday
(Él apenas comió ayer)

He can hardly see without eye-glasses
(Él apenas puede ver sin anteojos)

He could hardly finish his work
(Él apenas pudo terminar su trabajo)

EMPLEO DE LO EQUIVALENTE A *NI SIQUIERA* (not even)

Observe cómo los auxiliares en forma negativa seguidos inmediatamente de la palabra EVEN, dan origen a la expresión que traducida al español equivale a *NI SIQUIERA*.

Advierta asimismo que *NOT EVEN* es común en todos los casos, variando únicamente el auxiliar: *do not even, does not even, will not even,* etc. Véanse también estos auxiliares en sus formas contraídas.

You	*DON'T*	*EVEN* speak aloud
He	*DOESN'T*	*EVEN* speak aloud
You	*DIDN'T*	*EVEN* speak aloud
You	*WON'T*	*EVEN* speak aloud
You	*WOULDN'T*	*EVEN* speak aloud
You	*CAN'T*	*EVEN* speak aloud
You	*COULDN'T*	*EVEN* speak aloud
You	*MUSTN'T*	*EVEN* speak aloud
You	*SHOULDN'T*	*EVEN* speak aloud
You	*OUGHT* NOT	*EVEN* to speak aloud

Traducción

Usted NI SIQUIERA habla en voz alta
Él NI SIQUIERA habla en voz alta
Usted NI SIQUIERA habló en voz alta

Usted NI SIQUIERA hablará en voz alta
Usted NI SIQUIERA hablaría en voz alta

Usted NI SIQUIERA puede hablar en voz alta
Usted NI SIQUIERA pudo hablar en voz alta

Usted NI SIQUIERA debe hablar en voz alta
Usted NI SIQUIERA debería hablar en voz alta
Usted NI SIQUIERA debiera hablar en voz alta

EJERCICIOS

Construya otras oraciones con la expresión "NI SIQUIERA", sustituyendo en cada persona el **verbo** principal *speak aloud* por *practice sports, work every day,* **come** *yesterday, be here tomorrow, think of it, dance well, write* **your** *name, talk in class, drink coffee* y *spend more money,* en el **mismo** orden en que aparecen en la gráfica. Ejemplos:

You don't even *practice sports*
(tú ni siquiera practicas deportes)

He doesn't even *work every day*
(él ni siquiera trabaja todos los días)

I'M	**NOT**	*EVEN*	speaking aloud
He	*ISN'T*	*EVEN*	speaking aloud
You	*AREN'T*	*EVEN*	speaking aloud
He	*WASN'T*	*EVEN*	speaking aloud
You	*WEREN'T*	*EVEN*	speaking aloud
He	*HASN'T*	*EVEN*	spoken aloud
You	*HAVEN'T*	*EVEN*	spoken aloud

Traducción

Yo NI SIQUIERA estoy hablando en voz alta

Él NI SIQUIERA está hablando en voz alta
Usted NI SIQUIERA está hablando en voz alta

Él NI SIQUIERA estaba hablando en voz alta
Usted NI SIQUIERA estaba hablando en voz alta

Él NI SIQUIERA ha hablado en voz alta
Usted NI SIQUIERA ha hablado en voz alta

EJERCICIOS

Forme otras oraciones reemplazando, en el mismo orden en que aparecen en la gráfica, los gerundios (speaking) y los participios (spoken) por *looking at you, listening to the class, eating enough, working hard, sleeping well, eaten fish* y *finished your work*, ejemplos:

I'm not even *looking at you*
(Yo ni siquiera estoy mirándote)

He isn't even *listening to the class*
(Él ni siquiera está escuchando la clase)

He hasn't even *eaten fish*
(Él ni siquiera ha comido pescado)

COMPARANDO EL EMPLEO DE *EVEN* (hasta, inclusive)
Y *NOT EVEN* (ni siquiera)

He *is*	*EVEN*		here	every day
He *isn't*	*EVEN*		here	every day
He *is*	*EVEN*	*working*	here	every day
He *isn't*	*EVEN*	*working*	here	every day
He *was*	*EVEN*		here	yesterday
He *wasn't*	*EVEN*		here	yesterday
He *was*	*EVEN*	*working*	here	yesterday
He *wasn't*	*EVEN*	*working*	here	yesterday
He	*EVEN*	*comes*	here	every day
He *doesn't*	*EVEN*	*come*	here	every day
He	*EVEN*	*came*	here	yesterday
He *didn't*	*EVEN*	*come*	here	yesterday
We	*EVEN*	*speak*	English	at home
We *don't*	*EVEN*	*speak*	English	at home

Traducción

Él *inclusive* está aquí todos los días
Él *ni siquiera* está aquí todos los días

Él *inclusive* está trabajando aquí todos los días
Él *ni siquiera* está trabajando aquí todos los días

Él *inclusive* estuvo aquí ayer
Él *ni siquiera* estuvo aquí ayer

Él *inclusive* estuvo trabajando aquí ayer
Él *ni siquiera* estuvo trabajando aquí ayer

Él *inclusive* viene aquí todos los días
Él *ni siquiera* viene aquí todos los días

Él *inclusive* vino aquí ayer
Él *ni siquiera* vino aquí ayer

Nosotros *inclusive* hablamos inglés en casa
Nosotros *ni siquiera* hablamos inglés en casa

Observe la posición de EVEN tanto en las oraciones afirmativas como negativas y advierta que en ambas dicha palabra se antepone al verbo principal (speak, speaks, came, come) empleándose después de los auxiliares.

He *can*	EVEN	*speak*	several languages
He *can't*	EVEN	*speak*	English properly
He *could*	EVEN	*speak*	several languages
He *couldn't*	EVEN	*speak*	English properly
He	EVEN	*speaks*	several languages
He *doesn't*	EVEN	*speak*	English properly

Traducción

Él *inclusive* puede hablar varios idiomas
Él *ni siquiera* puede hablar inglés correctamente

Él *inclusive* podía hablar varios idiomas
Él *ni siquiera* podía hablar inglés correctamente

Él *inclusive* habla varios idiomas
Él *ni siquiera* habla inglés correctamente

He	EVEN	*came*	here last week
He *did*n't	EVEN	*come*	here yesterday
He *will*	EVEN	*come*	here next week
He *wo*n't	EVEN	*come*	here tomorrow
He *should*	EVEN	*come*	here daily
He *should*n't	EVEN	*come*	here any more

Traducción

Él *inclusive* vino aquí la semana pasada
Él *ni siquiera* vino aquí ayer

Él *inclusive* vendrá aquí la semana próxima
Él *ni siquiera* vendrá aquí mañana

Él *inclusive* debería venir aquí diariamente
Él *ni siquiera* debería venir más aquí

EJERCICIOS

I. Haga que le dicten las oraciones de las tres gráficas en español para que usted las traduzca por escrito al inglés. Rectifíquelas después, con la ayuda de su libro.

II. Guiándose por las dos últimas gráficas construya otras oraciones con *EVEN* y *NOT EVEN* cambiando los verbos principales y complementos. Ejemplos:

He can even dance waltzes
(Él inclusive puede bailar valses)

He can't even dance waltzes
(Él ni siquiera puede bailar valses)

COMPARACIÓN DE LO EQUIVALENTE A LAS EXPRESIONES "ESTAR A PUNTO DE" Y "ACABAR DE"

Observe la palabra *about* seguida de un infinitivo (to come, to go away, to begin, etc.) para expresar que una determinada acción está a punto de efectuarse y note también la palabra *just* seguida de una forma en pasado (came, went, away, began, etc.), que denota que esa misma acción acaba de verificarse. Compárense ambas palabras en el diagrama a continuación y advierta acciones opuestas en las oraciones marcadas con numerales idénticos.

	Infinitivos ↓				Forma en Pasado ↓	
	to come	(1)			came	(1)
	to go away	(2)			went away	(2)
	to begin	(3)			began	(3)
He is ABOUT	to finish	(4)		He JUST	finished	(4)
	to eat	(5)			ate	(5)
	to leave	(6)			left	(6)
	to retire	(7)			retired	(G)
	to speak	(8)			spoke	(8)

1 Él está a punto de venir o llegar	1 Él acaba de venir o llegar
2 Él está a punto de alejarse o irse	2 Él acaba de alejarse o irse
3 Él está a punto de empezar	3 Él acaba de empezar
4 Él está a punto de terminar	4 Él acaba de terminar
5 Él está a punto de comer	5 Él acaba de comer
6 Él está a punto de marcharse	6 Él acaba de marcharse
7 Él está a punto de retirarse	7 Él acaba de retirarse
8 Él está a punto de hablar	8 Él acaba de hablar

EJERCICIOS

Guiándose por los diagramas forme oraciones en inglés con las expresiones "*estar a punto de*" y "*acabar de*", cambiando los verbos en infinitivo y en pasado expuestos en dichos esquemas. Ejemplos:

He's about to write a letter
(Él está a punto de escribir una carta)

He just wrote a letter
(Él acaba de escribir una carta)

Veamos ahora las formas en pasado de las mismas expresiones, anteriormente expuestas.

Compárense también, en ambos esquemas, las oraciones marcadas con numerales idénticos.

	Infinitivos ↓			Forma en Participio ↓	
	to come	(1)		come	(1)
	to go away	(2)		gone away	(2)
	to begin	(3)		begun	(3)
He was	to finish	(4)	He had	finished	(4)
ABOUT	to eat	(5)	JUST	eaten	(5)
	to leave	(6)		left	(6)
	to retire	(7)		retired	(7)
	to speak	(8)		spoken	(8)

1 Él estaba a punto de venir o llegar	1 Él acababa de venir o llegar
2 Él estaba a punto de alejarse o irse	2 Él acababa de alejarse o irse
3 Él estaba a punto de empezar	3 Él acababa de empezar
4 Él estaba a punto de terminar	4 Él acababa de terminar
5 Él estaba a punto de comer	5 Él acababa de comer
6 Él estaba a punto de marcharse	6 Él acababa de marcharse
7 Él estaba a punto de retirarse	7 Él acababa de retirarse
8 Él estaba a punto de hablar	8 Él acababa de hablar

EJERCICIOS

Guiándose por los diagramas construya oraciones en inglés con la forma en pasado de *"estar a punto de"* y *"acabar de"*, cambiando los verbos en infinitivo y en participio expuestos en dichos esquemas. Ejemplos:

He was about *to write a letter*
(Él estaba a punto de escribir una carta)

He had just *written a letter*
(Él acababa de escribir una carta)